ISBN 978-3-649-64718-8
© 2024 Coppenrath Verlag GmbH & Co. KG,
Hafenweg 30, 48155 Münster, Germany
Illustrationen: Julia Borchers
Textsammlung: Kreativlektorat Daniela Vogel
Textsatz und grafische Gestaltung: Heike Kluge
Covergestaltung: Tina Defaux
Redaktion: Kai König

Printed in Latvia
www.coppenrath.de

Nimm dir Zeit zum Durchatmen

GESCHICHTEN FÜR MEHR RUHE IM LEBEN

COPPENRATH

ERWIRB DIE KRAFT,
DIR ZEIT ZU NEHMEN –
UND DIE ZÜGEL
DES LEBENS LIEGEN
IN DEINER HAND.

Friedrich Kayssler

KURT TUCHOLSKY

Der Zeitsparer

Am 27. Februar 1926 war es so weit. –

Die Herren in weißen Laboratoriumsmänteln erfüllten den großen Raum, bewegten sich unruhig, lachten, gestikulierten und sprachen aufgeregt durcheinander. Denn sie hatten zwei Stunden regungslos gehorcht, abwechselnd auf den ungefügen Apparat gestiert, der in der Mitte des Hörsaales stand, und auf den kleinen Mann, der leichenblass auf einem Stühlchen saß und mit leiser Stimme Erläuterungen gab ...

Der deutsche Professor Gottlieb Friedrich Waltzemüller hatte den Zeitsparer erfunden.

Der Apparat hob die Zeit auf. Er war gar nicht so kompliziert, und wenn Sie Ihrerseits aufs Patentamt gehen, werden Sie sehen, dass ich recht habe: Denn da bekommen Sie die Erklärung zu dem Ding, das aussah – damals, heute sind sie ja anders – wie ein zugedecktes Bett aus Stahl. Man legte sich hinein, und was man da an Zeit ersparte – denn drinnen liefen ja die Uhren nicht, nicht die elektrischen und nicht die Sanduhren –, das konnte man beliebig irgendwo in seinem Leben wieder ankleben und einfügen – wo man es gerade brauchte ...

Das gab ein Hallo! Mit dem Herumtrödeln auf der Erde war es auf einmal vorbei. Niemand hatte mehr Zeit zu verlieren. Die Redensart „Ich habe keine Zeit" wurde Formel für den Offenbarungseid – und es war ganz erstaunlich, wie sich die Menschen beeilten, um mit den nötigsten Obliegenheiten fertig zu werden. Sie sparten! Keiner tat noch etwas anderes, als im Eiltempo die wenige Nahrung zu sich zu nehmen und sich dann befriedigt in den Apparat zu packen. Dadrinnen sparte er nun Zeit und legte sie auf die hohe Kante. Wer ging noch spazieren? Wer hatte noch Augen zu sehen, was auf der Welt vor sich ging? Sie lasen nicht, sie liebten nicht, sie freuten sich nicht mehr – sie sparten.

Carnegie hatte zu allem Zeit. Er aaste geradezu mit der Zeit, als ob er sie später nicht noch einmal brauchen könnte. Aber dafür war vorgesorgt: Er kaufte Zeit auf. Und tausend arme Teufel legten sich krumm, damit der kleine weißhaarige Herr sich so recht gemütlich eine Birne schälen oder gar ein Stückchen zu Fuß gehen konnte.

Es gab eine Zeitbörse. Da wurde die Zeit gehandelt – und weil sie sehr gut bezahlt wurde, so legten sich ganze Dörfer industriemäßig in den Kasten aus Stahl, sparten und verkauften meistbietend. Darauf fielen die Preise – aber durch einen Trust gelang es, eine kräftige Hausse zu erzielen.

Einmal gab es einen Corner: Mister Woolf aus New York, der infolge eines tödlich verlaufenen Unterhaltungsromans einen schrecklichen Tod gefunden hatte, lebte wieder auf, weil er fühlte, dass hier ein Geschäft zu machen sei, kaufte auf – ich glaube, er hat damals im

Ganzen zirka 70000 Jahre gehabt –, wurde eingekreist und musste losschlagen. Man konnte darauf den Tag schon für 5 Cents haben, und die Leute bummelten, dass es eine Schande war. Die Theater machten weit auf, ganz reiche Herrschaften begannen, Fußball zu spielen, und man sah bereits wieder Angehörige des mittleren Bürgerstandes, die im Schein der untergehenden Sonne lässig vor der Schwelle ihres Häuschens stehend träumerisch in der Nase bohrten ...

Aber das ging vorüber: Der Monat Zeit kostete wieder seine achtzig Dollar, und alles war wie früher.

So lagen die Dinge, als sich eine seltsame Nachricht auf der Erde verbreitete. Bei München, hieß es, lebe ein Mann, der spare überhaupt keine Zeit! Hat man je so etwas gehört? Er sei Menschendoktor und heiße Bruck. Dr. Bruck ...

Einige reiche Leute – denn die andern hatten ja keine Zeit – machten sich auf, diesen Unmenschen zu sehen. Wahrhaftig: Als sie sich dem kleinen Anwesen näherten, rauchte da ein Mann mit einem Spitzbart eine Pfeife, eine lange Pfeife, und auf dem Porzellankopf – das sah man deutlich – war ein buntes Blumengewinde gemalt, mit Engeln, die die Girlandenenden angepackt hielten ... Der Mann paffte behaglich und stieß die Rauchwölkchen in die warme Sommerluft, in der sie, hellblauen Gazeschleiern vergleichbar, langsam nach oben entschwebten ... Und dieser Mensch verfolgte ihren Aufstieg zufrieden, und wenn eins verflogen war, schickte er ein anderes nach und mochte sich so an diesem Wolkenspiel schon eine ganze Weile erfreut haben. Und nicht genug damit: Er zündete sich die Pfeife, als sie ausging und nicht gleich brennen wollte, dreimal hintereinander an. Da brannte sie. Ja, war er denn toll …? Es schien so.

Denn als der reiche Münchner Engrosschlächter Mauermeier sich dem Manne eilig prustend, um nicht zu viel Zeit zu verlieren, in das Gesichtsfeld schob, da sagte der: „Grüß Gott!" Sagte er, und dann mummelte er so recht behaglich an seiner glimmenden Pfeife. Und ehe der Mauermeier sich noch recht erholt hatte, fuhr der Doktor fort: „Ja, wollen wir nicht ein kleines Spaziergängchen machen? – Da seht doch nur, wie hübsch grün schon das wellige Gras ist, über das der Wind läuft, und da drüben die Höhen, auf die ich jetzt zuschreiten will, sind schon durchsichtig bläulich, und das ist ein gutes Zeichen fürs Wetter."

Da nahm sich der Mauermeier die Zeit – denn er hatte es dazu und konnte es sich leisten, Gott sei Dank! –, da nahm er sich die Zeit, ganz schnell einmal zu sagen: „Einsperren sollt man Eahna, Heer Nachbar, z'wegen Verschwendung!" –

Und schob eilig laufend, in der Richtung zum Bahnhof, ab, um den Zug nach München nicht zu verpassen, damit er gleich wieder weiter sparen könne …

Der Doktor aber stand fröhlich lächelnd auf, ergriff das Stöckchen, das ihn auf allen Wegen begleitete, und durchschritt den sauberen, stillen Ort, darinnen er wohnte, besah sich voll guten Mutes die breiten Straßen und die niedrigen Häuser und das achteckige Türmchen auf dem Wirtshaus. Da oben, in dem achteckigen Zimmerchen, mit der Aussicht auf das Dorf und die Berge, habe eine verrückte Gräfin gewohnt, raunten die Leute, und wenn die Nebelschwaden dicht durch die regenschwere Luft zogen, dann schoben sie sich wohl an den acht Fensterchen vorbei, der Ofen knasterte, und eine weißhaarige Dame kroch murmelnd die gewundene Treppe herauf, um hier ein verlorenes Leben zu beschließen ... Das überdachte der Doktor, und dann guckte er, ob das Krankenhaus noch an seinem Platz sei, und sah nach der Post, vor der eine alte Rumpelchaise ohne die Gäule aufgestellt war, und nach dem Rathaus – und stand schließlich nicht ab, unterwegens im besten Schmauchen ein kleines Poem zu verfertigen, indem alles darinnen stand: Wie schön doch das bisschen Leben sei und wie man nur einmal auf die Welt gesetzt werde und wie er für seine Person auf alle Mauermeiers und Zeitsparer pfeife ...

RAINER MARIA RILKE

Brief an Clara

4. Oktober 1907

Manchmal gehe ich an kleinen Läden vorbei, in der Rue de Seine etwa: Händler mit Altsachen oder kleine Buch-Antiquare oder Kupferstichverkäufer mit ganz, ganz vollen Schaufenstern: Nie tritt jemand ein bei ihnen, sie machen offenbar keine Geschäfte: Aber man sieht hinein, und sie sitzen und lesen, unbesorgt (und sind doch nicht reich); sorgen nicht um morgen, ängstigen sich nicht um ein Gelingen, haben einen Hund, der vor ihnen sitzt, gut aufgelegt, oder eine Katze, die die Stille um sie noch größer macht, indem sie die Bücherreihen entlangstreicht, als wischte sie die Namen von den Rücken.

Ach, wenn das genügte: Ich wünschte manchmal, mir so ein volles Schaufenster zu kaufen und mich mit einem Hund darunter zu setzen für zwanzig Jahre. Am Abend wäre Licht in der Hinterstube, vorn alles ganz dunkel, und wir säßen zu dritt und äßen, hinten; ich habe bemerkt, von der Straße aus gesehen, nimmt sich das wie ein Abendmahl aus jedenfalls, so groß und feierlich durch den dunklen Raum.

MANFRED KYBER

Das Faultier

Das Faultier hing an einem Ast und duselte vor sich hin. „A-i",
sagte das Faultier und seufzte.

Es seufzte herzbeweglich. Seufzen hielt es für schlafbeför-
dernd.

Unten am Stamme des Baumes saß ein kleines Pinseläffchen und las in einem Buch. Das Buch war auf Baumrinde
geschrieben und in Lianengeflecht gebunden. Den Entwurf
dazu hatte eine Giftspinne gezeichnet – eigenbeinig. Darum
war der Einband giftgrün geworden. Das Buch hieß: „Wie
werde ich energisch?"

Solches hatte das Äffchen sehr nötig. Denn Pinseläffchen
sind zarte und schüchterne Geschöpfe.

Das Faultier seufzte herzbeweglich.

„Was fehlt Ihnen denn eigentlich?", fragte das Äffchen teil-
nehmend und guckte nach oben. „Ist Ihnen nicht wohl?"

„A-i", sagte das Faultier und seufzte.

„Sie sind gewiss krank", sagte das Äffchen und kletterte
hilfsbereit nach oben.

Das Faultier rührte sich nicht.

„Ich bin hungrig", sagte es und seufzte.

„Aber dicht über Ihnen hängen ja die schönsten Früchte
und Blätter", sagte das Äffchen erstaunt.

Das Faultier blinzelte nach oben.

„Ich bin zu faul", sagte es und seufzte.

„Sie müssen das Buch lesen ‚Wie werde ich energisch?'",

sagte das Äffchen eifrig und zeigte auf den giftgrünen Einband. „Eine Tante von mir hat das Buch gelesen und ist so energisch geworden, dass kein Affe mehr mit ihr leben kann. Meine Tante fletscht die Zähne und schmeißt mit Steinen. So energisch ist sie geworden."

„Dass ich ein Buch lese, ist vollständig ausgeschlossen", sagte das Faultier.

„Ja, was machen wir denn da?", sagte das Äffchen ratlos. „Sie können doch nicht einfach verhungern vor den reifen Früchten!"

„A-i", sagte das Faultier und seufzte.

Das Pinseläffchen hatte ein sehr weiches Herz. Es konnte das Seufzen nicht mehr anhören. Es nahm ein Bündel Blätter und stopfte es dem Faultier ins Maul.

Das Faultier kaute schwer und mühsam, mit geschlossenen Augen. Das Äffchen stopfte und half mit den Füßen nach.

„So geht es aber nicht weiter", sagte das Pinseläffchen nach dem eingestopften Diner. „Sie müssen energisch werden. Ich werde Ihnen das Buch ‚Wie werde ich energisch?' vorlesen, da Sie schon zu faul sind, es selbst zu lesen. Aber Sie müssen aufmerksam zuhören."

„Dass ich zuhöre, wenn ein Buch vorgelesen wird, ist vollständig ausgeschlossen", dachte das Faultier. Es sagte das aber nicht mehr. Es war zu faul dazu. Das Äffchen setzte sich neben das Faultier und nahm den giftgrünen Einband zur Hand. Es las das ganze Buch mit lauter Stimme von Anfang bis zu Ende.

„Sind Sie nun energisch geworden?", fragte das Äffchen und sah das Faultier erwartungsvoll an.

Das Faultier rührte sich nicht. Es war eingeschlafen.

Da nahm das zarte Pinseläffchen das Buch „Wie werde ich

energisch?" und warf es dem Faultier wütend an den Kopf. So energisch war es geworden – beinahe wie seine Tante, die mit Steinen schmiss und die Zähne fletschte.

„A-i", sagte das Faultier und seufzte.

Man sagt, dass die Faultiere aussterben. Das glaube ich nicht. Wenn sie aber wirklich aussterben, so sind sie der beste Beweis für die Seelenwanderung.

MARK TWAIN

Über das Briefeschreiben

Ich glaube, es gibt kaum etwas auf der Welt, was uns allen so widerwärtig ist als die Pflicht, einen Brief zu schreiben – besonders einen Privatbrief. Geschäftsbriefe sind übrigens nur wenig angenehmer. Fast alle Freude über einen Brief, den ich erhalte, wird mir durch den Gedanken vergällt, dass er beantwortet werden muss. Ja, ich fürchte mich so sehr vor der Qual, solche Antworten auf der Seele zu haben, dass mich häufig die Lust anwandelt, meine ganze Post ins Feuer zu werfen, statt sie zu öffnen.

Zehn Jahre lang ist mir diese Furcht erspart geblieben, weil ich fortwährend umherzog, von Stadt zu Stadt, von Staat zu Staat und von Land zu Land. Da konnte ich, ganz nach Gefallen, sämtliche Briefe unbeantwortet lassen, die Absender derselben nahmen natürlich an, dass ich meinen Aufenthaltsort gewechselt habe und ihre Zuschriften fehlgegangen seien.

Jetzt kann ich aber leider diese Form der Täuschung nicht mehr anwenden. Ich bin vor Anker gegangen, bin festgefahren – und nun kommen die tödlichen Geschosse, die Briefe aller Art, schnurgerade auf mich losgeflogen.

Es sind Briefe der verschiedensten Gattung und sie behandeln die mannigfaltigsten Gegenstände. Ich lese sie meist beim Frühstück und sehr oft verderben sie mir mein ganzes Tagewerk; sie leiten meinen Gedankengang in neue Kanäle, das Arbeitsprogramm, welches ich mir für meine Schreiberei aufgestellt habe, gerät in Verwirrung, ja es wird wohl auch gänzlich umgestoßen.

Nach dem Frühstück werfe ich mich gewöhnlich ins Geschirr und versuche, eine Stunde lang fleißig zu schreiben, aber ich komme nur mühsam vorwärts, da die Briefe immer wieder in meine Gedanken eingreifen.

Die Sache hat keinen rechten Fluss, ich gebe sie zuletzt auf und verschiebe alle weiteren Bemühungen auf den nächsten Tag.

Man sollte meinen, ich würde mich nun schleunigst daranmachen, die Briefe zu beantworten und aus dem Wege zu schaffen.

Alle Musterknaben, von denen wir lesen, dass sie barfuß nach New York gewandert kommen und im Laufe der Zeit zu unverschämten Millionären werden, hätten damit sicherlich keinen Augenblick gezögert – aber ich bin nicht wie sie.

Es fällt mir gar nicht ein, die Gewohnheiten jener Leute anzunehmen, denn ich werde nie ein Millionär werden. Wäre ich darauf ausgegangen, so hätte ich nicht gleich von vornherein den verhängnisvollen Missgriff begehen dürfen, Stiefel an den Füßen zu tragen und mehr als vierzig Cents in der Tasche zu haben, als ich in New York einzog.

Wie hätte ich nach einem so verkehrten Beginn meiner Laufbahn noch den Versuch machen sollen, mir Reichtümer zu erwerben? Man würde mich nur mit dem größten Misstrauen betrachtet haben und mich einfach zum Betrüger stempeln.

Deshalb verzichte ich also darauf, in die Fußstapfen dieser Krösusse zu treten und meine Briefe mit kaufmännischer Pünktlichkeit und Schnelligkeit zu beantworten.

Ich setze meine Arbeiten einen Tag lang aus, und die aufgeschichteten Briefe von heute bleiben bei denen liegen, welche gestern, vorgestern und von allen früheren Daten angekommen sind.

Erst wenn der Haufen so angewachsen ist, dass mir angst und bange davor wird, blase ich zum Angriff und laufe Sturm, manchmal fünf volle Stunden lang, zuweilen sogar sechs.

Und wie viele Briefe beantwortete ich in dieser Zeit?

Nie mehr als neun, oft auch nur fünf bis sechs. Der Korrespondent in einem großen kaufmännischen Geschäft würde in einer solchen Reihe von Stunden wenigstens hundert Antworten zu Papier bringen.

Einem Mann, der Jahre damit zugebracht hat, für die Presse zu schreiben, kann man aber eine solche Federgewandtheit unmöglich zutrauen.

Aus alter Gewohnheit knüpft er dabei einen Gedanken an den andern; geduldig zerbricht er sich minutenlang den Kopf, um auf eine unwichtige Zuschrift die passende Erwiderung zusammenzudrechseln, und so verfließt ihm unversehens die kostbare Zeit.

Mir ist es in den letzten Jahren förmlich zur andern Natur geworden, Schriftstücke jeder Art – selbst Privatbriefe nicht ausgeschlossen – mit Sorgfalt und reiflicher Überlegung abzufassen. Die Folge davon ist, dass ich das Briefeschreiben hasse, und ich habe noch bei allen meinen Bekannten, die für Zeitungen und Journale arbeiten, eine ähnliche Abneigung dagegen gefunden.

Obige Bemerkungen sollen nur zur Erklärung und zu meiner Entschuldigung bei allen den Leuten dienen, welche mir über allerlei Angelegenheiten geschrieben haben, ohne eine Antwort zu erhalten.

Ein Mal übers andere habe ich im guten Glauben, dass es mir gelingen würde, wirklich versucht, ihnen zu antworten. Einiges konnte ich wohl erledigen, aber unwiderruflich blieb doch die Mehrzahl der in der letzten Woche eingegangenen Briefe bis zur nächsten liegen.

Die Folge war dann jedes Mal, dass die sich aufhäufenden Briefe zuerst eine vorwurfsvolle Miene annahmen, dann mir grimmige Blicke zuwarfen, als wollten sie mir eine Strafpredigt halten, und zuletzt ein so beleidigendes, unverschämtes Gesicht machten, dass mir die Geduld ausging. Wenn das geschah, öffnete ich die Ofentür und statuierte ein Exempel an ihnen.

Und siehe da – sofort war jedes bedrückende Gefühl über vernachlässigte Pflichten verschwunden und alle meine verlorene Seelenheiterkeit kehrte zurück.

TESSA RANDAU

Begreifen

Schon von Weitem konnte ich erkennen, dass Lene heute zwei tief zusammengebundene Zöpfe trug, die wir als Kinder Rattenschwänze genannt hatten. Ich musste schmunzeln. Nicht im Traum wäre ich auf die Idee gekommen, mir solche Zöpfe zu binden, da ich sie immer noch mit einer Kinderfrisur assoziierte. Doch Lene standen sie ausgezeichnet. Ihr bunt geringeltes Shirt und die weiße Leinenhose passten perfekt dazu. Sie erinnerte mich an eine rundliche Pippi Langstrumpf. Chili trippelte gemütlich neben ihr her, doch als sie mich erkannte, schoss sie mir sofort entgegen. Ich ging in die Hocke und streichelte sie.

„Na, Mädels, wo soll's denn heute hingehen?", sagte ich an beide gewandt, als Lene uns erreicht hatte.

„Lass dich überraschen", antwortete Lene mit geheimnisvoller Miene. Dann marschierten wir los, beide mit Rucksäcken mit Proviant auf dem Rücken, so wie wir es tags zuvor am Leuchtturm besprochen hatten.

„Schau mal, da vorne", sagte Lene, nachdem wir eine Weile gelaufen waren, und deutete auf eine kleine Ansammlung von Spielgeräten in der Ferne. „Wer zuerst da ist", rief sie plötzlich und rannte los.

„Hey, das ist unfair, du hättest erst ‚Auf die Plätze, fertig, los' sagen müssen", protestierte ich und spurtete hinterher.

Ich war erstaunt, wie schnell und leichtfüßig Lene sich durch den Sand bewegte. Doch gegen Chili hatte sie keine

Chance. Der kleine Hund überholte sie mit fliegenden Ohren.

Ich folgte beiden, gab aber kurz vor dem Ziel prustend auf.

„Ist die nicht toll?", Lene saß auf dem Brett einer überdimensional großen Schaukel, deren massives Metallgerüst sich mindestens drei Meter hoch in den Himmel erhob.

„Kann es sein, dass du ein kleines bisschen zu alt dafür bist?", neckte ich sie grinsend.

„Höchstens zu breit." Lene deutete auf ihren Po, der zwischen den Metallketten, die das Schaukelbrett hielten, eingequetscht war. „Zu alt ist man nie für Spaß."

Sie deutete auf die Schaukel neben sich. „Mein rechter, rechter Platz ist frei."

Ich hatte Sorge, dass auch mein Po nicht gut zwischen die Metallketten passen würde. „Ist das nicht unbequem?", fragte ich deshalb skeptisch.

„Ein bisschen schon." Lene grinste. „Aber was soll's? Wer nicht bereit ist, Kompromisse zu machen, läuft Gefahr, die schönen Dinge im Leben zu verpassen." Sie wies wieder auf die freie Schaukel. „Komm schon!"

Ich konnte mich nicht daran erinnern, wann ich das letzte Mal auf einer Schaukel gesessen hatte. Auch als meine Kinder klein gewesen waren, hatte ich sie nur angestoßen, aber nie selbst geschaukelt. Zögernd setzte ich mich auf das Schaukelbrett neben Lene. Mein Po passte geradeso zwischen die Metallketten. Ich blickte nach oben. „Die ist ja irre hoch."

„Genau deshalb liebe ich sie so. Früher, als ich klein war, hatten wir eine Schaukel bei uns im Garten. Ich habe stundenlang darauf gesessen und mir immer vorgestellt, dass ich hinauf in den Himmel fliegen würde. Als ich diese Schaukel vor ein paar Jahren zum ersten Mal gesehen habe, musste ich sie einfach ausprobieren. Sie ist grandios", schwärmte Lene.

Auch ich hatte als Kind ähnliche Fantasien gehabt. Wie sehr hatte ich das Schaukeln damals geliebt. Warum hatte ich es seitdem nie wieder ausprobiert?

Lene begann neben mir zu schwingen. Höher und höher.

„Juhu", jauchzte sie. „Mach mit!", rief sie mir zu und jauchzte noch einmal.

„Nee", rief ich zurück. Mir war das Ganze irgendwie peinlich.

„Ach komm schon! Hier ist doch niemand. Lass einfach los!"

Plötzlich fiel mir ein Spruch ein, den mir meine Grundschullehrerin in mein Poesiealbum geschrieben hatte: „Ein großer Mensch ist derjenige, der sein Kinderherz nicht verliert." Damals wusste ich nicht, was diese Worte mir sagen sollten. Nun verstand ich sie. Und Lene schien genau das gelungen zu sein. Offenbar hatte sie sich ihr Kinderherz bewahrt. Ich bewunderte und beneidete sie.

„Okay", dachte ich. Dann nahm ich Schwung und stach mit den Füßen in den Himmel. Spürte bei jeder Auf- und Abwärtsbewegung meinen Magen. Mein Herz pochte schneller. Anfangs aus Angst, dann vor Freude. Und dann tat ich es: „Juhuuuuuuu", schrie ich, so laut ich konnte. Und gleich darauf noch einmal.

Nach einer Weile blickte ich zu Lene hinüber, die gerade wieder nach oben schwang. Kurz bevor die Schaukel den Höhepunkt erreichte, ließ sie los und sprang. Erschrocken hielt ich den Atem an.

Sie flog mindestens zwei Meter weit durch die Luft und landete dann mit einer eleganten Hocke im Sand. Dann stand sie auf und klatschte lachend den Sand von ihren Händen ab.

„Bist du verrückt? Du hättest dir alle Knochen brechen können", schalt ich sie vorwurfsvoll, während ich meine Schaukel mühsam mit den Füßen zum Stehen brachte.

„Keine Sorge, ich mache das nicht zum ersten Mal", beschwichtigte sie mich.

„Echt jetzt?"

„Ja. Ich mache das jede Woche."

„Nicht dein Ernst!"

„Doch! Als ich hier das erste Mal geschaukelt habe, erinnerte ich mich daran, dass ich als Kind immer am obersten Punkt abgesprungen bin. Allerdings traute ich mich das nicht mehr und habe es nicht getan. Noch Tage später hat mich das gewurmt und ich habe mich gefragt ‚Warum ärgere ich mich so darüber?'. Und plötzlich beim Frühstück wurde mir dann etwas klar: Ich möchte nicht aus Angst heraus Dinge nicht tun, zu denen ich eigentlich fähig bin. Anschließend habe ich überlegt, was ich machen könnte, um mich wieder zu trauen, und habe beschlossen, einfach wieder zu üben und meine Sprunggelenke zu trainieren. Seitdem springe ich regelmäßig Springseil. Und komme jede Woche hierher. Anfangs bin ich aus einer sehr niedrigen Höhe abgesprungen. Und jedes Mal, wenn es sich sicher und gut anfühlte, bin ich eine Stufe weitergegangen."

Lene schnappte sich ihren Rucksack, den sie in den Sand neben das Schaukelgestell gelegt hatte. „Wollen wir weiter?"

„Gerne", antwortete ich und schulterte ebenfalls meinen Rucksack.

„Komm, Chili!", Lene pfiff auf den Fingen und der kleine Hund, der interessiert an einem Schaukeltier geschnuppert hatte, kam herbeigeflitzt. „Braves Mädchen." Lene griff in ihre Hosentasche und beförderte eine kleine Kugel zutage. Sie warf sie Chili zu, die das Leckerli aus der Luft schnappte und mit einem Happs verschlang.

„Auf geht's", rief Lene fröhlich, und dann liefen wir los.

„Wusstest du eigentlich, dass wir unsere Zeit auch langsamer laufen lassen können", fragte sie mich nach einer Weile.

„Wie meinst du das?" Ich sah sie rätselnd an.

„Denk einmal an deine Urlaube. Ist dir da schon mal aufgefallen, wie die Zeit verläuft?"

Ich dachte kurz nach. „Die ersten Tage vergehen ziemlich langsam, aber irgendwann fängt die Zeit an zu galoppieren und die zweite Woche vergeht viel schneller als die erste", antwortete ich dann.

„Genau. Und weißt du auch, woran das liegt?"

„Um ehrlich zu sein, darüber habe ich mir noch nie Gedanken gemacht", verneinte ich.

„Das Geheimnis verbirgt sich hinter dem Begriff Gewohnheit. In den ersten Tagen ist alles noch komplett neu. Du siehst alles zum ersten Mal: das Hotel, dein Zimmer, den Pool, den Strand, den Speisesaal, das Büfett und so weiter. Deine Kanäle sind vollkommen offen. Du prägst dir die Wege ein, freust dich über die hübschen Blumen im Garten, suchst nach einem Platz am Pool, der dir besonders gut gefällt. Nach ein paar Tagen kennt dein Gehirn alles, hat Landkarten von den Wegen abgespeichert und es weiß, wo das Müsli am Frühstücksbüfett zu finden ist. Das Neue ist zum Bekannten geworden. Und da wir Menschen Gewohnheitstiere sind, neigen wir dazu, immer wieder den gleichen Abläufen zu folgen: Du gehst also die gleichen Wege entlang, legst dich immer in die gleiche Ecke am Pool, isst morgens stets ähnliche Dinge zum Frühstück. Du nimmst deine Umgebung kaum noch bewusst wahr. Es ist so, als würdest du auf Schienen fahren."

„Stimmt", bestätigte ich nickend. „So laufen unsere Urlaube tatsächlich meistens ab. Die einzige Abwechslung sind die Ausflüge, die wir machen."

„An sich ist nichts Schlimmes dabei", wandte Lene ein. „Wir entwickeln diese Routinen, weil sich unser Gehirn auf diese Weise nicht mehr so anstrengen muss. Nur leider hat dies den unschönen Nebeneffekt, dass die Tage kaum noch unterscheidbar sind. Und so geht es den meisten auch im Alltag. Sie haben häufig ähnliche Abläufe. Sie fahren täglich denselben Weg zur Arbeit, führen dort ähnliche Tätigkeiten aus, essen in der Kantine immer wieder die gleichen Gerichte, gehen im selben Supermarkt einkaufen, spielen montags abends Tennis, gehen mittwochs abends zum Yoga. Sie haben zwei, drei Lieblingsrestaurants, in denen sie meist die gleichen Gerichte bestellen, eine Lieblingseisdiele, in der sie die gleichen Eissorten essen, Lieblingswanderwege, die sie regelmäßig mit dem Hund laufen, Lieblingsurlaubsziele, wo sie immer wieder in den gleichen Hotels wohnen, und so weiter. Wer so lebt, bei dem rast irgendwann die Zeit.

Weil die Tage, Wochen, Monate und Jahre kaum unterscheidbar voneinander sind. Sie verschwimmen zu einer großen Alltagsmasse."

„Verrückt", sagte ich überrascht. „Das war mir gar nicht bewusst."

„Mir auch nicht", erwiderte Lene. „Bis ich einen Artikel darüber gelesen habe, wie wir langsamer älter werden können. Darin hieß es, man solle diesen Trott unterbrechen. Sooft es geht, etwas Neues ausprobieren. Morgens hin und wieder woanders parken und einen unbekannten Weg zur Arbeit gehen. Oder eine Haltestelle früher aus dem Bus aussteigen. In der eigenen Stadt gelegentlich neue Viertel kennenlernen. Beim Einkaufen in unterschiedliche Geschäfte gehen. Neue Rezepte beim Kochen ausprobieren. Jedes Mal in ein anderes Restaurant gehen. Oder im Lieblingsrestaurant neue Gerichte bestellen. Es gibt sehr viele Möglichkeiten, um die eigenen Gewohnheiten zu durchbrechen."

„Klingt nach einer guten Idee", stimmte ich zu. „Jetzt verstehe ich auch, warum die Kindheit und Jugend viel langsamer vergehen als die Zeit danach. Weil wir in diesen Lebensphasen viel mehr Neues erleben."

„Genau." Lene nickte. „Wenn wir jung sind, müssen wir so vieles lernen, uns so vieles einprägen. Und wir erleben ständig erste Male: das erste Mal alleine rutschen, das erste Mal Eis essen, das erste Mal einen Berg erklimmen, das erste Mal fliegen. Der erste Kuss, die erste Demo, der erste Job, das erste Kind. Nach und nach stellen sich immer mehr Gewohnheiten im Alltag ein. Wir haben uns im Job etabliert, leben in einer Wohnung, in der wir bleiben wollen, besitzen einen festen Freundeskreis und so weiter. Ab dann müssen wir uns weitere erste Male ganz bewusst schaffen."

Ich dachte nach. Auch mein Leben verlief stets in den gleichen Bahnen. Ich arbeitete seit 20 Jahren in der gleichen Firma, war seit 19 Jahren verheiratet, wohnte seit 16 Jahren in der gleichen Wohnung. Meine Tage und Wochen liefen meist nach dem gleichen Muster ab und unterschieden sich kaum. Als die Kinder noch klein gewesen waren, hatte ich mit ihren Augen die Welt ein zweites Mal neu entdeckt. Aber nun machten sie ihre neuen Erfahrungen meist ohne mich. Und mein Leben plätscherte im ewig gleichen Trott dahin. „Wann habe ich zuletzt etwas zum ersten Mal gemacht?", fragte ich mich.

HERMANN HESSE

Stufen

Wie jede Blüte welkt und jede Jugend
dem Alter weicht, blüht jede Lebensstufe,
blüht jede Weisheit auch und jede Tugend
zu ihrer Zeit und darf nicht ewig dauern.
Es muss das Herz bei jedem Lebensrufe
bereit zum Abschied sein und Neubeginne,
um sich in Tapferkeit und ohne Trauern
in andre, neue Bindungen zu geben.
Und jedem Anfang wohnt ein Zauber inne,
der uns beschützt und der uns hilft, zu leben.

Wir sollen heiter Raum um Raum durchschreiten,
an keinem wie an einer Heimat hängen,
der Weltgeist will nicht fesseln uns und engen,
er will uns Stuf' um Stufe heben, weiten.
Kaum sind wir heimisch einem Lebenskreise
und traulich eingewohnt, so droht Erschlaffen;
nur wer bereit zu Aufbruch ist und Reise,
mag lähmender Gewöhnung sich entraffen.

Es wird vielleicht auch noch die Todesstunde
uns neuen Räumen jung entgegen senden,
des Lebens Ruf an uns wird niemals enden,
wohlan denn, Herz, nimm Abschied und gesunde!

OSCAR WILDE

Der Modellmillionär

Aufgezeichnet mit dem Ausdruck der Bewunderung

Wenn man nicht wohlhabend ist, hat es keinen Zweck, charmant zu sein. Romantische Dinge zu tun ist das Vorrecht der Reichen, nicht die Aufgabe der Erwerbslosen. Der Arme sollte praktisch und prosaisch sein. Es ist besser, ein festes Einkommen zu haben, als faszinierend zu sein. Das sind die großen Wahrheiten des modernen Lebens, die Hughie Erskine niemals begreifen konnte.

Armer Hughie! Zugegeben – ein Mann von Geist war er nicht gerade. Sein Leben lang gab er nichts Brillantes, ja nicht einmal etwas Boshaftes von sich. Dafür aber sah er blendend aus mit seinem braunen Kraushaar, seinem klaren Profil und seinen grauen Augen. Er war bei Männern ebenso beliebt wie bei Frauen und eignete sich zu allem außer zum Geldverdienen. Sein Vater hatte ihm einen Kavalleriesäbel und die fünfzehnbändige Geschichte des Peninsular War vermacht. Hughie hängte den Säbel über den Spiegel, stellte die Bücher ins Regal und lebte von den zweihundert Pfund, die eine alte Tante ihm jährlich bewilligte. Er hatte alles ausprobiert.

Sechs Monate lang hatte er sein Glück an der Börse versucht, aber was sollte ein Schmetterling unter lauter Bullen und Bären? Etwas länger hatte er mit Tee gehandelt, aber dann waren ihm die Pekoe- und Souchongmischungen auf die Nerven gegangen. Danach hatte er es mit trockenem Sherry versucht, aber auch das war nicht das Richtige; der Sherry war nämlich etwas zu trocken. Am Ende war nichts aus ihm geworden, nichts als ein reizender, nutzloser junger Mann mit einem vollendeten Profil und ohne Beruf.

Zu allem Unglück war er auch noch verliebt. Das Mädchen hieß Laura Merton und war die Tochter eines pensionierten Obersten, der in Indien seine gute Laune und seine gute Verdauung eingebüßt und beides seither nicht wiedergefunden hatte. Laura betete Hughie an, und er war bereit, den Saum ihres Kleides zu küssen.

Die beiden waren das hübscheste Paar in ganz London und hatten keinen roten Heller. Der Oberst mochte Hughie sehr gern, wollte aber nichts von Verlobung wissen.

„Sprechen Sie wieder bei mir vor, mein Junge, wenn Sie zehntausend Pfund besitzen; dann werden wir weitersehen", pflegte er zu sagen. Hughie blickte dann immer sehr finster drein und musste sich von Laura trösten lassen.

Eines Morgens, als er gerade auf dem Weg zum Holland Park war, wo die Mertons wohnten, ging er auf einen Sprung zu Alan Trevor, einem seiner besten Freunde.

Trevor war Maler. Tatsächlich entgehen heutzutage nur wenige diesem Schicksal, aber er war noch dazu ein echter Künstler, und echte Künstler sind ziemlich selten.

Rein äußerlich war er ein merkwürdig grober Bursche mit sommersprossigem Gesicht und wildem roten Bart. Nahm er jedoch den Pinsel in die Hand, dann erwies er sich als Meister seines Faches, und seine Bilder waren sehr begehrt. Zugegebenermaßen hatte er sich anfangs nur deshalb so stark zu Hughie hingezogen gefühlt, weil dieser so viel Charme besaß. „Ein Maler", pflegte er zu sagen, „sollte nur mit Menschen verkehren, die zugleich *bête* und schön sind, mit Menschen, die zu betrachten ein ästhetischer Genuss und mit denen zu reden eine Erholung für den Geist ist. Männer, die Dandys, und Frauen, die süße Geschöpfe sind, bestimmen den Lauf der Welt – oder sollten es wenigstens tun." Doch nachdem er Hughie näher kennengelernt hatte, fand er Gefallen an dessen fröhlichem, lebhaftem Temperament und großzügigem, unbekümmertem Wesen. Für ihn stand sein Atelier immer offen.

Als Hughie eintrat, legte Trevor gerade letzte Hand an das herrliche, lebensgroße Bildnis eines Bettlers. Dieser selbst stand auf einem Podest in der Ecke des Ateliers.

Er war ein verhutzelter alter Mann, dessen Gesicht verknittertem Pergament glich und einen mitleiderregenden Ausdruck zeigte. Über die Schultern hing ihm ein brauner Mantel aus grobem Stoff, der nur noch aus Fetzen bestand, seine plumpen Stiefel waren geflickt, mit der einen Hand stützte er sich auf einen derben Stock, in der andern hielt er, um Almosen bittend, seinen zerbeulten Hut.

„Ein erstaunliches Modell!", flüsterte Hughie, als er seinem Freund die Hand drückte.

„Ein erstaunliches Modell?", rief Trevor mit schallender Stimme. „Das will ich meinen! Bettler wie ihn trifft man nicht jeden Tag! Eine *trouvaille,* mon cher, ein lebender Velasquez! Herrgott, was für eine Radierung hätte Rembrandt daraus gemacht!"

„Der arme alte Kerl!", sagte Hughie. „Wie erbärmlich er aussieht! Aber für euch Maler ist sein Gesicht sicher sein wertvollster Besitz, nicht wahr?"

„Du erwartest doch wohl nicht, dass ein Bettler glücklich aussieht?"

„Wie viel bekommt ein Modell für eine Sitzung?", fragte Hughie, während er sich bequem auf dem Diwan niederließ.

„Einen Schilling pro Stunde."

„Und wie viel bekommst du für dein Bild?"

„Für das hier? Zweitausend."

„Pfund?"

„Guineen. Maler, Dichter und Ärzte bekommen immer Guineen."

„Also wirklich, meiner Meinung nach sollten die Modelle Prozente erhalten!", rief Hughie lachend. „Sie arbeiten ebenso schwer wie du."

„Was für ein Unsinn! Denk doch nur, wie anstrengend es allein schon ist, die Farbe aufzutragen und den ganzen Tag vor der Staffelei zu stehen! Du hast leicht reden, Hughie, aber ich kann dir versichern, dass es Momente gibt, in denen die Kunst beinahe den Rang schwerer körperlicher Arbeit erreicht. Aber schwatz nicht so viel, ich bin sehr beschäftigt. Rauch eine Zigarette und halt den Mund!"

Nach einer Weile kam der Diener herein und meldete Trevor, der Rahmenmacher wünsche ihn zu sprechen.

„Lauf nicht weg, Hughie", sagte Trevor im Hinausgehen, „ich bin gleich wieder da."

Der alte Bettler benutzte die Abwesenheit des Malers, um sich ein wenig auf der hinter ihm stehenden Holzbank auszuruhen. Er sah so unglücklich und elend aus, dass Hughie Mitleid empfand und in seinen Taschen nach Geld suchte. Ein Sovereign und ein paar Kupfermünzen waren alles, was er fand. „Der arme Alte braucht's nötiger als ich", dachte er. „Allerdings werde ich mir zwei Wochen lang keine Droschke mehr leisten können." Dann ging er hinüber zu dem Bettler

und drückte ihm den Sovereign in die Hand. Der alte Mann stutzte, und ein schwaches Lächeln spielte um seine welken Lippen. „Vielen Dank, Sir", sagte er, „vielen Dank!"

Dann kam Trevor zurück, und Hughie, etwas verlegen über seine gute Tat, verabschiedete sich. Er verbrachte den Tag in Gesellschaft Lauras, bekam eine reizende Gardinenpredigt über seine Verschwendungssucht und musste zu Fuß nach Hause zurückkehren.

Gegen elf Uhr nachts schlenderte er in den Paletten-Klub, wo er Trevor allein im Rauchsalon sitzen und Rheinwein mit Selterswasser trinken sah.

„Na, Alan, ist das Bild fertig geworden?", fragte er, während er sich eine Zigarette anzündete.

„Ja, alter Junge, es ist fertig und bereits gerahmt. Übrigens, du hast eine Eroberung gemacht! Mein altes Modell ist ganz begeistert von dir. Ich musste ihm alles über dich erzählen – wer du bist, wo du wohnst, wie hoch dein Einkommen ist, was für Zukunftsaussichten du hast …"

„Du liebe Güte, Alan", rief Hughie, „dann wird er wahrscheinlich schon auf mich warten, wenn ich heimkomme! Aber du hast bestimmt nur einen Scherz gemacht. Der arme Teufel! Ich wollte, ich könnte etwas für ihn tun. Es ist doch furchtbar, dass so viel Elend überhaupt möglich ist! Ich habe daheim haufenweise alte Sachen – meinst du, er würde etwas davon tragen? Seine Lumpen sind ihm ja fast vom Leib gefallen."

„Aber er sieht doch großartig darin aus", sagte Trevor. „Um keinen Preis würde ich ihn im Gehrock malen. Was du Lumpen nennst, nenne ich Romantik. Was dir als Armut erscheint, ist für mich malerisch. Aber ich werde ihm auf jeden Fall von deinem Angebot erzählen."

„Alan", sagte Hughie ernst, „ihr Maler seid wirklich eine herzlose Bande."

„Das Herz eines Künstlers ist sein Kopf. Und außerdem ist es unsere Aufgabe, die Welt so darzustellen, wie wir sie sehen, und nicht, sie zu bessern aufgrund dessen, was wir von ihr wissen. *A chacun son métier*. Und wie geht's Laura? Mein altes Modell hat sich sehr für sie interessiert."

„Soll das heißen, dass du mit ihm über sie gesprochen hast?"

„Natürlich. Er weiß genau Bescheid über den unnachgiebigen Oberst, die reizende Laura und die zehntausend Pfund."

„Du hast diesem alten Bettler meine Privatangelegenheiten erzählt?", rief Hughie rot vor Zorn.

„Mein Bester", sagte Trevor lächelnd, „dieser alte Bettler, wie du ihn nennst, ist einer der reichsten Männer Europas. Er könnte morgen ganz London kaufen, ohne sein Konto zu überziehen. Er besitzt ein Haus in jeder Hauptstadt, isst von goldenen Tellern und kann, wenn er will, Russland daran hindern, einen Krieg zu führen."

„Was um alles in der Welt meinst du damit?"

„Genau das, was ich gesagt habe. Der alte Mann, den du heute in meinem Atelier getroffen hast, ist Baron Hausberg. Er ist ein guter Freund von mir, kauft alle meine Gemälde und anderes und hat mich vor vier Wochen beauftragt, ihn als Bettler zu malen. *Que voulez-vous? La fantaisie d'un millionaire!* Und ich muss sagen, er sah großartig aus in seinen Lumpen, oder besser, in meinen Lumpen. Das alte Zeug habe ich nämlich aus Spanien mitgebracht."

„Baron Hausberg!", rief Hughie. „Um Himmels willen, ich habe ihm einen Sovereign geschenkt!"

„Was? Einen Sovereign geschenkt?" Trevor brach in schallendes Gelächter aus. „Alter Junge, das Geld siehst du nie wieder. *Son affaire c'est l'argent des autres*."

„Du hättest es mir sagen sollen, Alan, anstatt zuzulassen, dass ich mich derart lächerlich mache", sagte Hughie vorwurfsvoll.

„Also hör mal, Hughie, erstens hatte ich keine blasse Ahnung, dass du so unbekümmert Almosen verteilst. Ich könnte es verstehen, wenn du ein hübsches Modell küssen würdest, aber dass du einem hässlichen einen Sovereign schenkst – du liebe Güte, nein! Und zweitens war ich heute für niemanden zu sprechen, und als du plötzlich erschienst, wusste ich nicht, ob Hausberg beim Namen genannt sein wollte. Schließlich war er nicht korrekt gekleidet."

„Er muss mich für einen ausgemachten Trottel halten", sagte Hughie.

„Keineswegs. Er war in bester Laune, als du gegangen warst. Er kicherte ständig in sich hinein und rieb sich die runzligen Hände. Ich konnte mir nicht erklären, warum er unbedingt alles über dich erfahren wollte. Jetzt weiß ich's. Hughie, er wird deinen Sovereign für dich anlegen und dir alle sechs Monate Zinsen zahlen. Und außerdem hat er jetzt eine großartige Geschichte, die er nach dem Essen zum Besten geben kann."

„Ich bin wirklich vom Unglück verfolgt", knurrte Hughie. „Das Beste für mich ist, schlafen zu gehen. Und, mein teurer Alan, sprich mit niemandem darüber! Sonst wage ich mich nicht mehr auf die Straße."

„Unsinn! Das Ganze macht deiner philanthropischen Einstellung alle Ehre. Lauf jetzt nicht davon. Rauch noch eine

Zigarette und erzähle mir von Laura, so viel du willst!"

Aber Hughie wollte nicht bleiben. Völlig niedergeschlagen machte er sich auf den Heimweg, während Alan von Lachkrämpfen geschüttelt wurde.

Als Hughie am nächsten Morgen beim Frühstück saß, brachte ihm sein Diener eine Visitenkarte mit folgender Aufschrift: „Monsieur Gustave Naudin, de la part de M. le Baron Hausberg".

„Wahrscheinlich verlangt er eine Entschuldigung von mir", dachte Hughie und ließ den Besucher zu sich bitten.

Ein alter Herr mit goldgeränderter Brille und grauen Haaren trat ein und sagte mit leichtem französischem Akzent: „Habe ich die Ehre mit Monsieur Erskine?"

Hughie verneigte sich.

„Ich komme von Baron Hausberg. Der Baron ..."

„Darf ich Sie bitten, Sir, ihm meine aufrichtigste Entschuldigung zu übermitteln", stammelte Hughie.

„Der Baron hat mich beauftragt, Ihnen diesen Brief auszuhändigen", sagte der alte Herr lächelnd und reichte Hughie ein versiegeltes Kuvert.

Es trug die Aufschrift „Ein Hochzeitsgeschenk für Hugh Erskine und Laura Merton von einem alten Bettler" und enthielt einen Scheck über zehntausend Pfund.

Bei der Hochzeit war Alan Trevor Brautführer, und der Baron hielt eine Tischrede.

„Millionärmodelle", bemerkte Alan, „sind selten genug, aber Modellmillionäre sind weiß Gott noch seltener!"

HEINRICH BÖLL

Anekdote zur Senkung der Arbeitsmoral

In einem Hafen an einer westlichen Küste Europas liegt ein ärmlich gekleideter Mann in seinem Fischerboot und döst. Ein schick angezogener Tourist legt eben einen neuen Farbfilm in seinen Fotoapparat, um das idyllische Bild zu fotografieren: Blauer Himmel, grüne See mit friedlichen schneeweißen Wellenkämmen, schwarzes Boot, rote Fischermütze. Klick. Noch einmal: Klick, und da aller guten Dinge drei sind und sicher sicher ist, ein drittes Mal: Klick. Das spröde, fast feindselige Geräusch weckt den dösenden Fischer, der sich schläfrig aufrichtet, schläfrig nach seiner Zigarettenschachtel angelt; aber bevor er das Gesuchte gefunden, hat ihm der eifrige Tourist schon eine Schachtel vor die Nase gesteckt, ihm die Zigarette nicht gerade in den Mund gesteckt, aber in die Hand gelegt, und ein viertes Klick, das des Feuerzeuges, schließt die eilfertige Höflichkeit ab. Durch jenes kaum messbare, nie nachweisbare Zuviel an flinker Höflichkeit ist eine gereizte Verlegenheit entstanden, die der Tourist – der Landessprache mächtig – durch ein Gespräch zu überbrücken versucht.

„Sie werden heute einen guten Fang machen."

Kopfschütteln des Fischers.

„Aber man hat mir gesagt, dass das Wetter günstig ist."

Kopfnicken des Fischers.

„Sie werden also nicht ausfahren?"

Kopfschütteln des Fischers, steigende Nervosität des Touristen.

Gewiss liegt ihm das Wohl des ärmlich gekleideten Menschen am Herzen, nagt an ihm die Trauer über die verpasste Gelegenheit.

„Oh, Sie fühlen sich nicht wohl?"

Endlich geht der Fischer von der Zeichensprache zum wahrhaften Wort über.

„Ich fühle mich großartig", sagt er. „Ich habe mich nie besser gefühlt."

Er steht auf, reckt sich, als wolle er demonstrieren, wie athletisch er gebaut ist.

„Ich fühle mich fantastisch."

Der Gesichtsausdruck des Touristen wird immer unglücklicher, er kann die Frage nicht mehr unterdrücken, die ihm sozusagen das Herz zu sprengen droht: „Aber warum fahren Sie denn nicht aus?"

Die Antwort kommt prompt und knapp. „Weil ich heute Morgen schon ausgefahren bin."

„War der Fang gut?"

„Er war so gut, dass ich nicht noch einmal auszufahren brauche, ich habe vier Hummer in meinen Körben gehabt, fast zwei Dutzend Makrelen gefangen ..."

Der Fischer, endlich erwacht, taut jetzt auf und klopft dem Touristen beruhigend auf die Schultern. Dessen besorgter Gesichtsausdruck erscheint ihm als ein Ausdruck zwar unangebrachter, doch rührender Kümmernis.

„Ich habe sogar für morgen und übermorgen genug", sagt er, um des Fremden Seele zu erleichtern.

„Rauchen Sie eine von meinen?"

„Ja, danke."

Zigaretten werden in Münder gesteckt, ein fünftes Klick, der Fremde setzt sich kopfschüttelnd auf den Bootsrand, legt die Kamera aus der Hand, denn er braucht jetzt beide Hände, um seiner Rede Nachdruck zu verleihen.

„Ich will mich ja nicht in ihre persönlichen Angelegenheiten mischen", sagt er, „aber stellen Sie sich mal vor, Sie führen heute ein zweites, ein drittes, vielleicht sogar ein viertes Mal aus und Sie würden drei, vier, fünf, vielleicht gar zehn Dutzend Makrelen fangen ... stellen Sie sich das mal vor."

Der Fischer nickt.

„Sie würden sich in spätestens einem Jahr einen Motor kaufen können, in zwei Jahren ein zweites Boot, in drei oder vier Jahren könnten Sie vielleicht einen kleinen Kutter haben; mit zwei Booten oder dem Kutter würde Sie natürlich viel mehr fangen – eines Tages würden Sie zwei Kutter haben, Sie würden ...", die Begeisterung verschlägt ihm für ein paar Augenblicke die Stimme, „Sie würden ein kleines Kühlhaus bauen, vielleicht eine Räucherei, später eine Marinadenfabrik, mit einem eigenen Hubschrauber rundfliegen, die Fischschwärme ausmachen und Ihren Kuttern per Funk Anweisung geben. Sie könnten die Lachsrechte erwerben, ein Fischrestaurant eröffnen, den Hummer ohne Zwischenhändler direkt nach Paris exportieren – und dann ...", wieder verschlägt die Begeisterung dem Fremden die Sprache. Kopfschüttelnd, im tiefsten Herzen betrübt, seiner Urlaubsfreude schon fast verlustig, blickt er auf die friedlich hereinrollende Flut, in der die ungefangenen Fische munter springen. „Und dann", sagt er, aber wieder verschlägt ihm die Erregung die Sprache.

Der Fischer klopft ihm auf den Rücken, wie einem Kind, das sich verschluckt hat.

„Was dann?", fragt er leise.

„Dann", sagt der Fremde mit stiller Begeisterung, „dann könnten Sie beruhigt hier im Hafen sitzen, in der Sonne dösen – und auf das herrliche Meer blicken."

„Aber das tu ich ja schon jetzt", sagt der Fischer, „ich sitze beruhigt am Hafen und döse, nur Ihr Klicken hat mich dabei gestört."

Tatsächlich zog der solcherlei belehrte Tourist nachdenklich von dannen, denn früher hatte er auch einmal geglaubt, er arbeite, um eines Tages einmal nicht mehr arbeiten zu müssen, und es blieb keine Spur von Mitleid mit dem ärmlich gekleideten Fischer in ihm zurück, nur ein wenig Neid.

WAS HELFEN
ALLE SCHÄTZE DER NATUR,
WENN MAN SIE
NICHT GENIESST?

THEODOR GOTTLIEB VON HIPPEL D. Ä.

SARAH MARIE

Ruheort

Ich möchte einen Ort
der Stille kreieren
In einer Zeit, die rast
in einer Welt, die schreit
für einen Kopf, der zu viel hat
ein Ruheort sein

Komm her.
Halt an.
Atme.
Denke.
Fühle.
Sei.

Lass mich Zuspruch
für das finden
was in dir noch
Stürme treibt
Um dir inmitten
allen Trubels
den Wert des Lebens
neu zu zeigen

HENRY D. THOREAU

Wofür ich lebte

Als ich meinen Wohnsitz im Walde aufzuschlagen, d. h., als ich dort nicht nur meine Tage, sondern auch meine Nächte zuzubringen begann – das geschah übrigens zufällig am 4. Juli 1845, am Jahrestag der Unabhängigkeitserklärung – , war mein Haus noch nicht gegen den Winter gewappnet, sondern bot nur gegen den Regen Schutz. Es hatte weder einen Bewurf noch einen Kamin, die Wände bestanden aus rohen, wettergefleckten Brettern mit großen Spalten, sodass es kühle Nächte gab. Die groben, weißen, behauenen Pfosten, die frisch gehobelte Tür- und Fensterverkleidung verliehen dem Haus ein sauberes und luftiges Aussehen, hauptsächlich morgens, wenn das Holz vom Tau befeuchtet war. Ich dachte dann, dass um die Mittagszeit irgendein duftendes Harz daraus hervorquellen würde. In meiner Fantasie behielt es während des Tages mehr oder weniger diesen morgentaufrischen Charakter.

Das einzige Haus, welches ich vor diesem besessen habe, war, wenn ich mein Boot nicht einrechne, ein Zelt, das ich gelegentlich bei Sommerausflügen benutzte. Es liegt noch zusammengerollt auf meinem Speicher. Das Boot dagegen wechselte häufig seinen Besitzer und trieb schließlich davon auf den Wogen der Zeit. Jedenfalls bewies ich jetzt, wo ich dieses dauerhaftere Obdach über mir hatte, dass ich in Bezug auf meine Niederlassung in dieser Welt Fortschritte machte. Dieser nur leicht gefügte Holzbau bildete eine Art von Kristallisationspunkt für mich und blieb nicht ohne Einfluss auf den Erbauer. Es erinnerte mich an die Skizze eines Bildes. Ich brauchte nicht ins Freie zu gehen, um frische Luft zu schöpfen, denn die Luft im Hause hatte an Reinheit keine Einbuße erlitten. Ich saß mehr hinter meinen vier Pfählen als innerhalb derselben, auch beim ärgsten Regenwetter. Die Harivansa sagt: „Eine Wohnung ohne Vögel ist wie Fleisch ohne Würze." Solch eine Wohnung besaß ich nicht, denn ich war plötzlich ein Nachbar der Vögel geworden, nicht dadurch, dass ich mir einen einfing, sondern dadurch, dass ich meinen Käfig mitten unter sie setzte. Ich war nicht nur denen näher gerückt, die gewöhnlich unsere Haus- und Obstgärten bevölkerten, sondern auch jenen wilderen, leidenschaftlicheren Sängern des Waldes, die nie oder nur selten dem Dorfbewohner ein Ständchen bringen: – der Walddrossel, dem Piewie, der Scharlach-Tanagra, dem Feldsperling, dem Tagschläfer und vielen anderen.

Am Ufer eines kleinen Teiches, etwa anderthalb Meilen südlich von dem Dörfchen Concord, schlug ich mein Heim auf. Es lag etwas höher als Concord, mitten in den ausgedehnten Waldungen zwischen diesem Dorf und Lincoln, etwa zwei Meilen südlich von unserm einzigen, rühmlich bekannten Feld: dem Schlachtfeld von Concord. Meine Wohnung lag aber so niedrig in den Wäldern, dass das gegenüberliegende, eine halbe Meile entfernte und – wie alles übrige – bewaldete Ufer meinen Horizont begrenzte. Wenn ich im Laufe der ersten Woche nach dem Teich hinausblickte, schien er mir immer einem hoch oben auf einem Bergabhang liegenden See zu gleichen, dessen Grund sich noch weit oberhalb des Spiegels anderer Seen befand. Stieg aber die Sonne empor, dann sah ich, wie er sein nebelgewobenes Nachtgewand abwarf. Hie und da wurde ganz allmählich sein zartes Wellengekräusel oder seine glatte, leuchtende Oberfläche sichtbar, während die Nebel nach allen Richtungen verstohlen in die Wälder flüchteten, wie Geister, die von einer nächtlichen Zusammenkunft heimziehen. Selbst der Tau schien hier, wie an Bergeshängen, länger an den Bäumen zu haften.

Dieser kleine See war der angenehmste Nachbar in den Pausen zwischen leichten Regenschauern im August, wenn Luft und Wasser völlig regungslos waren, wenn bei bedecktem Himmel der Spätnachmittag schon die friedvolle Ruhe des Abends aushauchte, wenn ringsum der Walddrossel Gesang erscholl, von Ufer zu Ufer widerhallend. Nie ist ein solcher See glatter als um diese Zeit. Und da die Luft über ihm nur bis zu geringer Höhe klar und von Wolken verdunkelt war, wurde das Wasser selbst, mit all seiner Leuchtkraft und all seinen Reflexen, ein Himmel in der Tiefe, der umso gewaltiger wirkte. Von dem Gipfel eines benachbarten Hügels aus, wo erst vor Kurzem Holz gefällt war, genoss ich eine schöne Aussicht südwärts über den Teich. Die Hügel, die das Ufer dort bildeten, öffneten sich ein wenig zu einem Tal und ihre sanft gegeneinander geneigten Hänge erweckten den Eindruck, als ob dort ein Strom durch ein waldiges Tal fließe. Es gab da aber keinen Strom. In weiter Ferne sah ich zwischen und über diesen grünen Hügeln höhere Berge im blauen Glanz am Horizont. Ja, wenn ich mich auf die Zehen stellte, konnte ich gerade noch einige Spitzen einer Gebirgskette erblicken, die, in tieferes Blau getaucht, in noch weiterer Ferne im Nordwesten lagen – urechte Münze aus des Himmels Werkstatt – und einen Teil des Dorfes. Nach andern Richtungen aber konnte ich auch von hier aus nicht über die mich rings umgebenden Wälder hinaussehen. Es ist gut, wenn man etwas Wasser in der Nachbarschaft hat: Das erinnert an die Behändigkeit und auch an die Schwimmkraft der Erde. Selbst der kleinste Quell bietet den Vorteil, dass man beim Hineinschauen erkennt: Die Erde ist kein Kontinent, sondern ein Eiland. Und dieser Vorteil ist ebenso schwerwiegend wie ein anderer: Er hält die Butter kühl. Wenn ich von diesem Gipfel aus über den Teich nach den Wiesen von Sudbury hinüberblickte, die zur Flutzeit in ihrem überschwemmten Tal – vielleicht durch die Strahlenbrechung – in die Höhe gehoben waren, wie Münzen in einem Gefäß, so erschien mir alles Land jenseits des Teiches wie eine dünne Erdkruste, die schon durch diese kleine, dazwischenliegende Wasserfläche zur wogenumspülten Insel wurde. Ich aber wurde daran erinnert, dass der Boden, auf dem ich stand, „terra firma" war.

Obwohl der Blick von meiner Tür aus noch beschränkter war, fühlte ich mich keineswegs bedrückt und eingeengt. Es gab Weideland genug für meine Fantasie. Der niedere, mit Zwergeichen bedeckte Höhenzug, zu welchem sich das gegenüberliegende Ufer erhob, erstreckte sich hinaus bis zu den Prärien des Westens, bis zu den Steppen der Tartarei und bot genug Raum für alle wandernden Menschenkinder. „Nur die sind glücklich auf der Welt, die in

Freiheit eines weiten Horizontes sich erfreuen" – sagte Damodora, wenn seine Herden neuer und größerer Weiden bedurften.

Ort und Zeit waren vertauscht und ich lebte jenen Räumen des Weltalls, jenen Zeitaltern der Geschichte näher, die auf mich den größten Reiz ausübten. Ich lebte in Zonen, so weit entlegen wie jene, die nächtlicherweile der Astronom durchforscht. Unsere Fantasie zieht mit Vorliebe entlegene, reizvolle Stätten in irgendeinem stillen Winkel des Weltalls in ihren Bereich, hinter Cassiopeias Schemel, fern von Lärm und Störung. Ich entdeckte, dass mein Haus tatsächlich an solch einer entlegenen, doch ewig jungen, jungfräulichen Stätte des Universums lag. Wenn es der Mühe wert war, sich in der Nähe der Plejaden oder der Hyaden, bei Aldebaran oder Altair niederzulassen, dann war ich wirklich dort, oder wenigstens ebenso weit wie sie von jenem Leben entfernt, das ich hinter mir gelassen hatte. Ein ebenso schwacher Strahl wie von dort zitterte und blinkte zu meinem nächsten Nachbarn hinüber. Nur in Nächten, wo der Mond nicht scheint, war er für ihn sichtbar. So war die Stätte im Universum beschaffen, auf der ich mich angesiedelt hatte ...

„Es war ein Schäfer, lebensfroh.
Hoch wie die Berge,
auf die er sein Vieh zur Weide trieb,
waren seine Gedanken."

Was müssten wir von des Schäfers Leben denken, wenn seine Herden immer zu höheren Weiden wanderten als seine Gedanken?

Jeder Morgen überbrachte mir die freudige Aufforderung, mein Leben gerade so einfach und, ich darf wohl sagen, so unschuldig zu gestalten wie die Natur selbst. Ich war ein ebenso aufrichtiger Verehrer der Aurora wie die Griechen. In aller Frühe stand ich auf und nahm ein Bad im Teich; das war eine religiöse Übung und eine meiner besten Handlungen. Man erzählte, dass auf der Badewanne des Königs Tsching-Thang Schriftzeichen eingegraben waren, welche besagten: „Erneuere dich selbst jeden Tag; tue es wieder und wieder und in alle Ewigkeit wieder." Das kann ich begreifen. Der Morgen bringt heroische Zeiten zurück. Ich wurde, während ich bei offenen Türen und Fenstern dasaß, so tief ergriffen durch das leise Gesumm einer Mücke, die ihren unsichtbaren, unergründlichen Flug in früher Morgendämmerung durch mein Zimmer nahm, als ob ich Posaunentöne hörte, die laut ein Loblied tönten. Das war Homers Requiem: eine Ilias und Odyssee der Luft, die ihren eigenen Zorn und ihre Irrfahrten besangen. Es lag etwas Kosmisches darin. Ein ewiger Bericht (bis auf Widerruf) von der immerwährenden Lebenskraft und Fruchtbarkeit der Welt. Der Morgen, der wichtigste Teil des Tages, ist die Stunde des Erwachens. Da sind wir am wenigsten „somnolent", und wenigstens eine Stunde lang wacht jener Teil von uns, der den übrigen Tag und die Nacht schlummert. Wenig kann von dem Tag erwartet werden (wenn der Ausdruck Tag überhaupt angebracht ist), zu dem uns nicht unser Genius, sondern das mechanische Klopfen eines Domestiken erweckt, wenn wir nicht durch unsere neu gesammelten Kräfte und Willensenergien von innen heraus, durch die Schwingungen himmlischer Musik – anstatt durch Fabrikglocken – und durch balsamische Lüfte zu einem Leben erweckt werden, das an Reinheit unser Leben am gestrigen Abend, als wir uns zum Schlummer niederlegten, übertrifft. So trägt auch die Finsternis ihre Früchte, erweist sich als heilsam, nicht weniger als das Licht. Der Mensch, der nicht glaubt, dass jeder Tag eine frühere, heiligere und heller vom Morgenrot durchglühte Stunde mit sich bringt als all diejenigen, welche er bereits entweihte, hat am Leben verzweifelt. Er wandelt auf abschüssigen, dunklen Pfaden. Nach einem zeitweiligen Stillstand des Sinnenlebens fühlt sich die Seele des Menschen (oder vielmehr fühlen sich die Organe der Seele) täglich neu gestärkt und des Menschen Genius versucht aufs Neue, das Leben so edel wie möglich zu gestalten. Alle großen Ereignisse, so möchte ich behaupten, werden in der Morgenstunde, im Morgenlicht gezeitigt. In den Veden steht geschrieben: „Alle Geisteskraft erwacht am Morgen."

Poesie und Kunst und auch die schönsten denkwürdigsten Taten der Menschen werden in solch einer Stunde geboren. Alle Dichter und Helden sind Kinder der Aurora, wie Memnon: Um Sonnenaufgang tönt ihr Lied. Für den, dessen elastische, kraftvolle Gedanken mit der Sonne gleichen Schritt halten, ist der Tag ein ununterbrochener Morgen. Was die Ähren oder die Menschen durch ihr Tun und Treiben sagen, ist ganz nebensächlich. Der Morgen ist da, wenn ich erwacht bin, wenn ich einen Sonnenaufgang in mir spüre. Das Streben, den Schlaf abzuschütteln, nenne ich Umwertung der Moral. Warum geben denn die Menschen einen so stümperhaften Bericht über ihren Tag? Doch nur weil sie schliefen! Sie sind durchaus keine schlechten Rechenmeister. Wenn die Schläfrigkeit sie nicht überwältigt hätte, sie würden etwas getan haben. Für körperliche Arbeit sind Millionen wach genug. Aber nur ein einziger unter dieser Million ist wach genug zu wirksamen, geistigen Leistungen, nur ein einziger unter hundert Millionen zu einem poetischen, göttlichen Leben. Erwacht sein heißt leben! Ich habe noch nie einen völlig erwachten Menschen gesehen. Wie hätte ich ihm ins Antlitz schauen können!

Wir müssen lernen, wieder wach zu werden und uns wach zu erhalten, nicht durch mechanische Hilfsmittel, sondern durch das unendliche Erwarten des Sonnenaufgangs. Das darf uns selbst im tiefsten Schlummer nicht verlassen. Ich kenne keine ermutigendere Tatsache als die unbestreitbare Fähigkeit des Menschen, sein Leben durch bewusste Anstrengung auf eine höhere Stufe zu erheben. Es will schon etwas heißen, wenn man ein eigenartiges Bild malen, eine Statue meißeln, einigen wenigen Dingen Schönheit verleihen kann. Doch weitaus ruhmvoller wäre es, die Atmosphäre, das Medium selbst, durch welches wir hindurchsehen, zu meißeln und zu malen. Moralisch sind wir dazu imstande. Auf die Beschaffenheit des Tages einzuwirken, das ist die höchste Kunst. Jedermann hat die Verpflichtung, sein Leben auch in Einzelheiten so zu gestalten, dass es selbst in seiner feierlichsten und kritischsten Stunde als der Betrachtung würdig sich erweist. Wenn wir die klägliche Auskunft, die wir erhalten, zurückweisen oder aufbrauchen würden, dann würden die Orakel uns kurz und bündig mitteilen, wie dies geschehen könnte.

Ich zog in die Wälder, weil ich den Wunsch hatte, mit Überlegung zu leben, „alle Wirkenskraft und Samen" zu schaun, zu ergründen, ob ich nicht lernen konnte, was ich lehren sollte, um beim Sterben vor der Entdeckung bewahrt zu bleiben, dass ich nicht gelebt habe. Ich wollte nicht das leben, was kein Leben war; das Leben ist so kostbar. Auch wollte ich keine Entsagung üben, höchstens im Notfall. Ich wollte tief leben, alles Mark des Lebens aussaugen, so herzhaft und spartanisch leben, dass alles, was nicht Leben war, aufs Haupt geschlagen würde. Ich wollte mit großen Zügen knapp am Boden mähen, das Leben in die Enge treiben und es auf die einfachste Formel bringen.

WALT WHITMAN

Der Himmel – Tage und Nächte – Glück.

20. Oktober – Ein klarer, kühler Tag – die Luft trocken und frisch, voll Sauerstoff. Von allen gesunden, stillen, prachtvollen Wundern, die mich umgeben und mit denen ich verschmelze – Bäume, Wasser, Gras, Sonnenlicht und der erste Frost –, ist das, welches ich heute am meisten betrachte, der Himmel. Er hat dieses zarte, durchscheinende Blau, das dem Herbst zu eigen ist, und die einzigen Wolken sind kleinere oder größere weiße, die dem großen Halbrund ihre stille und seelenhafte Bewegung geben. Den ganzen frühen Morgen hindurch (sagen wir zwischen sieben und elf Uhr) behält er sein reines, aber lebendiges Blau. Doch wenn der Mittag sich nähert, wird die Farbe leichter, recht grau für zwei oder drei Stunden – dann eine Zeit lang noch blasser bis zum Sonnenuntergang – dessen blendendes Vergehen ich durch die Lücken einer Gruppe großer Bäume beobachte – Pfeile aus Feuer und ein überwältigendes Schauspiel aus hellem Gelb, Violett und Rot, mit einem großen silbernen Glanz auf dem Wasser – die durchscheinenden Schatten, die Strahlen, das Glitzern und die lebendigen Farben, die alle Gemälde übertreffen, welche jemals erschaffen wurden.

Ich weiß nicht, warum oder wieso, aber es erscheint mir, als würde ich es am meisten diesen Himmeln verdanken (ab und an denke ich, obwohl ich sie an jedem Tag meines Lebens gesehen habe, habe ich diese Himmel niemals zuvor wirklich gesehen), dass ich diesen Herbst einige wunderbar zufriedene Stunden hatte – ich möchte nicht sagen vollkommen glückliche? Ich habe gelesen, dass Byron kurz vor seinem Tode einem Freund erzählt hat, dass er nur drei glückliche Stunden in seinem ganzen Leben hatte. Und es gibt das alte deutsche Märchen von des Königs Glocke, das auf das Gleiche abzielt. Als ich nun dort draußen in dem Wald war, mir diesen wunderschönen Sonnenuntergang zwischen all den Bäumen anschaute, da dachte ich an Byron und die Geschichte der Glocke, und die Erkenntnis reifte in mir, dass ich gerade eine glückliche Stunde hatte. (Obwohl ich meine besten Augenblicke niemals aufschreibe; wenn sie sich ereignen, möchte ich ihren Zauber nicht brechen, indem ich Aufzeichnungen mache. Ich gebe mich lieber völlig der Stimmung hin, lasse sie weiterfließen und mich von ihrer stillen Entzückung tragen.)

Was ist überhaupt Glück? Ist es eine dieser Stunden oder etwas Ähnliches? – so unmerklich, ein bloßer Hauch, eine vergehende Spur? Ich bin nicht sicher – so lasst mich mir selber die Wohltat des Zweifels erlauben. Hast du, Durchscheinender, in deinen azurblauen Tiefen eine Arznei für einen Fall wie den meinen? (Oh, diese körperliche Zerrüttung und mein geplagter Geist der letzten drei Jahre.) Und träufelst du sie nun, mystisch und heimlich, durch die Luft auf mich herab?

JOHANN WOLFGANG VON GOETHE

Werther an seinen Freund Wilhelm

Am 4. Mai 1771

... Übrigens befinde ich mich hier gar wohl. Die Einsamkeit ist meinem Herzen köstlicher Balsam in dieser paradiesischen Gegend, und diese Jahreszeit der Jugend wärmt mit aller Fülle mein oft schauderndes Herz. Jeder Baum, jede Hecke ist ein Strauß von Blüten, und man möchte zum Maienkäfer werden, um in dem Meer von Wohlgerüchen herumschweben und alle seine Nahrung darin finden zu können.

Die Stadt selbst ist unangenehm, dagegen ringsumher eine unaussprechliche Schönheit der Natur. Das bewog den verstorbenen Grafen von M., einen Garten auf einem der Hügel anzulegen, die mit der schönsten Mannigfaltigkeit sich kreuzen und die lieblichsten Täler bilden. Der Garten ist einfach, und man fühlt gleich bei dem Eintritt, dass nicht ein wissenschaftlicher Gärtner, sondern ein fühlendes Herz den Plan gezeichnet, das seiner selbst hier genießen wollte. Schon manche Träne hab ich dem Abgeschiedenen in dem verfallenen Kabinettchen geweint, das sein Lieblingsplätzchen war und auch meines ist. Bald werde ich Herr vom Garten sein; der Gärtner ist mir zugetan, nur seit den paar Tagen, und er wird sich nicht übel dabei befinden.

Am 10. Mai

Eine wunderbare Heiterkeit hat meine ganze Seele eingenommen, gleich den süßen Frühlingsmorgen, die ich mit ganzem Herzen genieße. Ich bin allein und freue mich meines Lebens in dieser Gegend, die für solche Seelen geschaffen ist wie die meine. Ich bin so glücklich, mein Bester, so ganz in dem Gefühl von ruhigem Dasein versunken, dass meine Kunst darunter leidet. Ich könnte jetzt nicht zeichnen, nicht einen Strich, und bin nie ein größerer Maler gewesen als in diesen Augenblicken. Wenn das liebe Tal um mich dampft und die hohe Sonne an der Oberfläche der undurchdringlichen Finsternis meines Waldes ruht und nur einzelne Strahlen sich in das innere Heiligtum stehlen, ich dann im hohen Grase am fallenden Bache liege und näher an der Erde tausend mannigfaltige Gräschen mir merkwürdig werden; wenn ich das Wimmeln der kleinen Welt zwischen Halmen, die unzähligen, unergründlichen Gestalten der Würmchen, der Mückchen näher an meinem Herzen fühle, dann sehne ich mich oft und denke: Ach, könntest du das wieder ausdrücken, könntest du dem Papiere das einhauchen, was so voll, so warm in dir lebt, aber ich gehe darüber zugrunde, ich erliege unter der Gewalt der Herrlichkeit dieser Erscheinungen.

Ich weiß nicht, ob täuschende Geister um diese Gegend schweben oder ob die warme, himmlische Fantasie in meinem Herzen ist, die mir alles ringsumher so paradiesisch macht. Das ist gleich vor dem Orte ein Brunnen, ein Brunnen, an den ich gebannt bin wie Melusine mit ihren Schwestern. – Du gehst einen kleinen Hügel hinunter und findest dich vor einem Gewölbe, da wohl zwanzig Stufen hinabgehen, wo unten das klarste Wasser aus Marmorfelsen quillt. Die kleine Mauer, die oben umher die Einfassung macht, die hohen Bäume, die den Platz ringsumher bedecken, die Kühle des Orts; das hat alles so was Anzügliches, was Schauerliches. Es vergeht kein Tag, dass ich nicht eine Stunde da sitze.

HEINRICH SEIDEL

Im Sommer

O komm mit mir aus dem Gewühl der Menge,
aus Rauch und Qualm und tobendem Gedränge,
zum stillen Wald,
dort wo die Wipfel sanfte Grüße tauschen
und aus der Zweige sanft bewegtem Rauschen
ein Liedchen schallt.
Dort zu dem Quell, der durch die Felsen gleitet
und dann zum Teich die klaren Wasser breitet,
führ ich dich hin.
In seinem Spiegel schau die stolzen Bäume
und weiße Wolken, die wie sanfte Träume
vorüberziehn.
Dort lass uns lauschen auf der Quelle Tropfen
und auf der Spechte weit entferntes Klopfen,
mit uns allein.
Dort wollen wir die laute Welt vergessen,
an unsrem Herzschlag nur die Stunden messen
und glücklich sein!

FRANK DIEDRICH

Die Hütte

Jetzt wollte ich mir den Wein erst recht holen und dann eben allein leeren. Im Keller fand ich einen Rucksack und packte die Flasche hinein. Mein Blick fiel auf ein Regal. Dort lagen meine Bergschuhe, daneben Schlafsack, Isomatte, Trinkflasche und sogar noch zwei Müsliriegel. Überbleibsel einer vergangenen Zeit, als meine Herausforderungen noch nicht im Gestalten von Geschäftsplänen und Beziehungen lagen.

War ich je irgendwo freier gewesen als damals? Mit Proviant für eine ganze Woche im Rucksack und der Idee, den Brentahöhenweg zu gehen, ohne eine einzige Übernachtung zu bezahlen. Mit 700 Höhenmetern pro Stunde stürmten wir hinauf zu den schmalen Bändern über schwindelerregendem Abgrund, denen wir stundenlang folgten, überwanden mit Stiften und Leitern senkrechten Fels und eisige Spalten. Jede Scharte eröffnete eine neue Welt, und nachts ließ ein unendlicher Sternenhimmel kosmische Harmonie in meine Träume fließen – wie jetzt. Für einen kurzen Moment öffnete sich ein Fenster durch Raum und Zeit auf eine fast vergessene Welt.

Meine Beine fanden auf dem schwankenden Kellerboden Halt, und auch das kalkige Weiß der Wände erschien mir plötzlich wärmer. Wie glücklich war ich damals – und wo nur war ich heute gelandet!

Ich musste fort.

eins zwei drei, eins zwei drei ...

Nach einem schweren Unfall war mein linkes Bein falsch zusammengenagelt worden, dadurch länger, und ich hinkte jetzt.

eins zwei drei, eins zwei drei

Wenn du beim Gehen auf drei marschierst, wird dein Rhythmus automatisch gleichmäßig.

eins zwei drei, eins zwei drei

Ich spürte die Kraft, mein linkes Bein lief ordentlich mit. Physiotherapeuten hatten mich damals wieder auf die Füße gestellt und mir auch den Rat mit dem Dreiertakt gegeben.

eins zwei drei, eins zwei drei

Ich war jetzt eine gute Stunde unterwegs und spürte, wie mein Motor warm wurde. Nebelfetzen zogen weiße Streifen durch sumpfige Niederungen. Die Vögel beendeten ihr Morgenkonzert und beließen den Wald in herrschaftlicher Ruhe, nur ein Bach plapperte seine ewige Geschichte. Nasses Laub, Pilze, Moos und feuchte Erde zeichneten ihren Duft mit feinen Strichen in die Luft. Ich passierte einen Stapel von frisch geschlagenem Holz. Die Zahlen meiner Schritte verblassten. Mein Körper hatte einen Schwung bekommen, der keine Metrik mehr brauchte.

Ich hatte meinen Anorak bereits ausgezogen und steckte nun auch die Fleecejacke in den Rucksack. Nach jedem Atemzug dampften kleine Wattewölkchen in die noch immer kühle Morgenluft, doch mir war warm. Mein Weg gewann flott an Höhe, ohne dass ich mir einer Anstrengung bewusst war. Die Energie musste aus einer Tiefe fließen, die kein Gedanke je erreichen konnte.

Rucksack, Schuhe, Isomatte und Schlafsack – ich hatte gestern Abend noch alles ins Auto geworfen und war losgefahren. Im Späti hatte ich noch schnell ein Sixpack Mineralwasser und vier Tüten Nussmix gekauft. Nach einer guten Stunde erreichte ich die ersten Ausläufer der Berge. Wohin? Ich brauchte kein Hotel, hatte ja alles dabei. ‚Parkplatz für Wanderer‘, irgendwann sah ich das Schild. Erschöpft vom Stress der Woche und Celines Abschied fiel ich in einen unruhigen Schlaf.

Um vier Uhr war ich wieder wach geworden. Gespenster zerpflügten mein Hirn und fraßen meine Ruhe. An Schlaf war nicht mehr zu denken. Es war sogar schon ein bisschen hell und ich entdeckte eine Tafel mit Wanderrouten. Wozu? Ich hatte eh kein Ziel. Wege gab es genug. Ich ging einfach los.

Ich musste viele Stunden gelaufen sein, als ich zum ersten Mal Hunger spürte. Ich setzte mich auf einen Stein und öffnete die Nusstüte. Bereits nach wenigen Bissen floss neue Energie in meine Glieder und öffnete die Sinne. Erst jetzt bemerkte ich, wie weit ich gegangen war. Die Bäume standen licht und wagten nicht mehr, sich zu Wäldern zu sammeln. Auf den schüchternen Zweigen tanzte grüngraues Moos. Der Wind wisperte ihnen ein zärtliches Lied, das seufzend in der Ferne verklang, wo weitere Horizonte in immer blasserem Grün das Tanzen nicht sahen. Schroffe Felsen schnitten scharfe Zacken hinter das letzte Grün und trennten Himmel und Erde.

Diese Berge hatte ich noch nie gesehen. Mein Weg zeigte keine klare Richtung und war nurmehr eine kaum wahrnehmbare Spur, die sich in Beliebigkeit verlor. War ich einem Wildwechsel gefolgt? Ich zückte mein Handy, kein Empfang. Bis zur Dunkelheit hatte ich vielleicht noch zwei Stunden. Die Nacht würde kalt werden, aber nicht tödlich. Und drei Tüten

Nussmix waren Nahrung genug, zumal ich auch meine Flasche am Bach noch einmal gefüllt hatte. So ging ich einfach weiter und suchte nach einer Stelle für mein Biwak.

In der Ferne erkannte ich einen Pfahl, oder war es doch nur ein schlanker Stamm? Ich näherte mich neugierig. Ein verblichenes Schild wies zu einem Ort, dessen Namen ich nicht entziffern konnte. Ich hoffte auf ein schützendes Dach und wagte den Weg. Nach zwanzig Minuten spitzte eine graue Silhouette über die Krüppelkiefern. Und dann bemerkte ich auch den Rauch.

Ein beschlagenes Fenster ließ das Flackern eines Feuers erkennen, gewährte aber keinen Blick ins Innere. Schnell erreichte ich eine kleine Terrasse und den Eingang. Ich klopfte und drückte, als keine Antwort kam, den Riegel.

Mit schwerem Knarzen schob sich die Tür zur Seite. Drinnen ein vielleicht fünfzigjähriger Mann mit grauen Haaren, die er zu einem Pferdeschwanz gebunden hatte.

„Na, so eine Überraschung! Komm rein!"

Seine Augen blitzten mich an. Sie mussten das Blau des Himmels gespeichert haben und lachten mir bis ins Herz. Ich war willkommen!

„Grüß Gott! Jetzt bin ich aber froh. Ich hatte nicht damit gerechnet, hier jemanden zu treffen. Übrigens, ich heiße Lukas."

„Und ich heiße Daniel. Meine Freunde nennen mich Dan, also auch du."

Dan reichte mir seine Hand, und als ich sie nahm, war ich überrascht, wie fest er zudrückte.

„Du bleibst doch über Nacht, oder?"

„Jetzt erwischt mich das Glück doch noch mit einer dicken Strähne. Wenn ich darf, gerne. Ich hab Schlafsack und Isomatte dabei."

„Die Isomatte brauchst du nicht. Wir haben eine Bergführerkammer mit zwei Betten. Du darfst dir das schönste aussuchen. Es ist niemand sonst hier."

Neben einem Tresen bemerkte ich den Ofen, dessen Rauch ich von Weitem gesehen hatte. Er ließ ein gemütliches Feuer bullern und verströmte angenehme Wärme. Ein Tropfen zog seine Spur über das beschlagene Fensterglas und öffnete dem Blick einen Spalt nach draußen. Die hereinbrechende Nacht goss kaltes Blau über die Wälder.

„Wir essen in zehn Minuten. Ich hoffe, du hast Hunger mitgebracht."

„Den hab ich, und drei Tüten Nussmix."

Dan lachte.

„Dann haben wir jetzt vier Gänge. Pilzcarpaccio, Spaghetti Aglio Olio und Kaiserschmarrn. Als Zwischengang al Gusto den Nussmix."

In diesem Moment erinnerte ich mich an den Wein, den ich gestern Abend voll Frust in meinen Rucksack geworfen hatte. Da musste er noch immer liegen.

„Und die Getränke gehen auf meine Kappe!" Ich zog die Flasche heraus, verbeugte mich und hielt sie, wie ein Meistersommelier, so schräg, dass Dan das Etikett lesen konnte.

„Olala, Giuseppe Campagnola Amarone della Valpolicella, Jahrgang 2014. Der muss ein Vermögen gekostet haben."

„Vom Aldi ist er nicht", ich grinste, „aber ich konnte ihn mir leisten. Für besondere Gelegenheiten. Wie hier!"

„Wir werden ihn aufheben, was meinst du? Für den ganz besonderen Moment."

Dann nahm er die Flasche, studierte noch einmal das Etikett und auch die Rückseite, schüttelte den Kopf und schob sie vorsichtig ins Regal.

Das Carpaccio war köstlich. Dan erzählte, wo in diesem Jahr die besten Pilze wuchsen. Dann sah er mir in die Augen und ließ dabei feine Fältchen zwinkern.

„Einen solchen Wein schleppst du aber nicht auf jede Bergtour, was?"

Natürlich nicht. Welchen Grund sollte ich mir ausdenken? Die Fältchen gruben ein Grinsen in seine wetterbraune Haut, umrahmten die himmelblauen Augen mit einer Freundlichkeit, der ich nicht widerstehen konnte. Noch nie war mir ein Mensch so glaubwürdig und offenherzig begegnet. Ich entschied mich für die Wahrheit und erzählte meine Geschichte von Firmenfrust und Celines Yogaglück. Obwohl Dan die ganze Zeit kein Wort sagte, verrieten seine wachen Augen, dass er mir folgte. Ich beendete meine Geschichte an der Stelle, als ich die Hütte erkannt hatte und Rauch aufsteigen sah.

„Soll ich mich an die Spaghetti machen?"

Ich war baff. Gingen ihm meine Probleme am Ende doch am Arsch vorbei? Nicht unbedingt Neugier, aber etwas Interesse und Empathie hätte ich schon erwartet. Dan musste mein Erstaunen bemerkt haben.

„Du hast das Richtige gemacht."

„Was meinst du?"

„Die Magie der Berge. Sie umfassen dich und absorbieren deine Probleme. Wo der Himmel die Erde berührt, erwächst ein Zauber."

ELIZABETH VON ARNIM

Verzauberter April

Als Mrs. Wilkins am nächsten Morgen aufwachte, blieb sie einige Minuten lang im Bett liegen, bevor sie aufstand und die Fensterläden öffnete. Was würde sie von ihrem Fenster aus sehen? Eine strahlende Welt oder eine verregnete Welt? Aber schön würde sie sein, wie immer sie auch aussehen mochte.

Sie fand sich in einem kleinen Schlafzimmer mit weißgetünchten Wänden, einem Steinboden und einigen wenigen alten Möbeln. Die Betten – es gab zwei – waren aus Eisen, schwarz emailliert und bemalt mit bunten Blumensträußchen. Sie blieb liegen, um den großen Augenblick, wenn sie ans Fenster ging, hinauszuzögern, so wie man das Öffnen eines lieben Briefes und seine Freude daran hinauszögert. Sie hatte keine Ahnung, wieviel Uhr es war; sie hatte vergessen, sie aufzuziehen, seit sie zuletzt, Jahrhunderte war das her, in Hampstead schlafen gegangen war. Man hörte keinen Laut im Haus, und so vermutete sie, es müsse noch früh sein, dennoch hatte sie das Gefühl, als hätte sie ewig geschlafen – so ausgeruht, so rundum zufrieden war sie. Sie lag da, die Arme um den Kopf verschränkt, und dachte, wie glücklich sie war, und ihre Lippen waren in seligem Lächeln hochgezogen. Allein im Bett zu sein: welch Wonnezustand. Sie war seit fünf Jahren nicht einmal ohne Mellersh im Bett gewesen; ah, diese kühle Geräumigkeit; die Bewegungsfreiheit; das Gefühl der Sorglosigkeit, der Keckheit, wenn man an den Decken zog, weil man es wollte, oder sich die Kissen zurechtstupste, um es noch behaglicher zu haben! Es war, als entdecke man eine Freude völlig neu.

Mrs. Wilkins sehnte sich zwar danach, aufzustehen und die Läden zu öffnen, aber sie fühlte sich dort, wo sie war, einfach pudelwohl. Sie seufzte vor Behagen und blieb weiter liegen, schaute um sich, registrierte alles in ihrem Zimmer, ihrem eigenen kleinen Zimmer, ihrem ureigenen Zimmer, in dem sie sich ganz nach Gusto während dieses einen glücklichen Monats einrichten konnte, ihr Zimmer, das sie sich von ihrem Ersparten erworben hatte, die Frucht ihrer geheimen Entbehrungen, ihr Zimmer, dessen Tür sie abschließen konnte, wenn sie es wollte, und wo niemand das Recht hatte hereinzukommen. Es war ein so seltsames kleines Zimmer, ganz anders als alle, die sie kannte, und so angenehm. Es war wie eine Zelle. Die beiden Betten ausgenommen, beschwor es eine glückliche Askese. ,Und der Name des Gemachs', zitierte sie in Gedanken, lächelnd das Zimmer betrachtend, ,war Friede.'

Ja, das war schon herrlich, dazuliegen und zu denken, wie glücklich sie war, aber draußen vor den Läden war es noch herrlicher. Sie sprang auf, zog sich die Pantoffeln an, denn es gab nichts auf dem Steinboden als einen kleinen Vorleger, lief zum Fenster und stieß die Läden auf.

„Oh!", rief Mrs. Wilkins aus.

All der strahlende Glanz Italiens im April lag ausgebreitet ihr zu Füßen. Die Sonne ergoss sich über sie. Das Meer schlummerte darin, fast unbewegt. Jenseits der Bucht ruhten auch die lieblichen Berge, reich an Farbnuancen, im Licht; und unterhalb ihres Fensters, am Fuße des blumenübersäten Grashügels, aus dem sich die Mauer des Castellos erhob, stand eine große Zypresse, die wie ein großes schwarzes

Schwert durch die zarten Blau-, Violett- und Rosatöne der Berge und des Meeres schnitt.

Sie staunte. Solche Schönheit; und sie war da, um sie zu sehen. Solche Schönheit; und sie am Leben, um sie zu fühlen. Ihr Gesicht war in Licht gebadet. Köstliche Düfte stiegen zu ihrem Fenster hoch und umschmeichelten sie. Eine leichte Brise bewegte sanft ihr Haar. Weit draußen in der Bucht trieb eine Schar von Fischerbooten, fast ohne Bewegung, wie ein Schwarm weißer Vögel, auf dem ruhigen Meer. Wie schön, wie schön! Nicht zuvor gestorben zu sein ..., das sehen zu dürfen, zu atmen, zu fühlen ... Sie starrte mit offenem Mund. Glücklich? Welch dürftiges, gewöhnliches Alltagswort. Aber was konnte man denn sagen, wie ließe es sich beschreiben? Es war, als müsste sie zerspringen, als wäre sie zu klein, um so viel Freude in sich zu halten, als wäre sie von Licht durchdrungen. Und wie erstaunlich das war, diese reine Seligkeit zu fühlen, wo sie doch überhaupt nichts Selbstloses tat oder im Sinn hatte, vielmehr nur das tun würde, was sie wollte. Nach Meinung aller, die sie im Leben kennengelernt hatte, müsste sie zumindest Gewissensbisse haben. Nicht die Spur davon. Irgendwie stimmte da etwas nicht. Seltsam, dass sie zu Hause so gut gewesen war, so furchtbar gut, und bloß Qual empfunden hatte. Gewissensbisse jeder Art waren dort ihr Los gewesen; Schmerzen, Kränkungen, Entmutigungen, während sie die ganze Zeit unermüdlich selbstlos war. Jetzt hatte sie all ihr Gutsein abgelegt und in die Ecke geworfen wie einen Haufen durchnässter Wäsche, und sie fühlte nur Freude. Sie hatte sich des Gutseins entledigt und genoss ihre Nacktheit. Sie war entblößt und frohlockte. Und dort, fern in der trüben Muffigkeit von Hampstead, erboste sich Mellersh.

Sie versuchte, sich Mellersh vorzustellen, versuchte, ihn beim Frühstück zu sehen und wie er verbittert an sie dachte; und sieh da, Mellersh selbst begann zu schimmern, wurde rosig, dann blassviolett, dann zu einem hinreißenden Blau, verlor die Konturen, irisierte. Tatsächlich entschwand Mellersh, nachdem er noch einen Augenblick lang gezuckt hatte, im Licht.

‚Na so was‘, dachte Mrs. Wilkins und starrte gleichsam hinter ihm her. Wie ungewöhnlich das war, sich Mellersh nicht vorstellen zu können; sie, die jeden Zug an ihm, jeden Gesichtsausdruck auswendig kannte. Es gelang ihr einfach nicht, ihn zu sehen, wie er war. Sie konnte ihn nur verklärt sehen, in Einklang mit allem. Die bekannten Worte der öffentlichen Danksagung kamen ihr spontan in den Sinn, und sie ertappte sich dabei, wie sie Gott pries, sie erschaffen und beschützt zu haben, ihn pries für alle Wohltaten dieses Lebens, vor allem aber für seine unschätzbare Liebe; und das geschah mit lauter Stimme; in einer plötzlichen Anwandlung von Dankbarkeit. Mellersh dieweil zog in diesem Augenblick verärgert seine Stiefel an, bevor er in die triefenden Straßen hinausging, und dachte Bitterböses von ihr.

Sie begann sich anzuziehen, wobei sie sich zu Ehren des Frühsommertages für leichte weiße Sachen entschloss, packte ihr Gepäck aus und brachte ihr schnuckeliges Zimmer in Ordnung. Sie ging mit schnellen, entschiedenen Schritten umher, ihr langer dünner Körper war gestreckt, ihr kleines Gesicht, das zu Hause vor lauter Anstrengung und Angst so zerknittert aussah, glättete sich. Alles, was sie vor diesem Morgen gewesen war und getan hatte, alles, was sie gefühlt und ihr Kummer gemacht hatte, war verschwunden. Mit jeder ihrer Sorgen verhielt es sich wie mit Mellershs Bild, sie löste sich in Farbe und Licht auf. Und sie bemerkte Dinge, die sie seit Jahren nicht bemerkt hatte – als sie ihr Haar vor dem Spiegel frisierte, nahm sie es bewusst wahr und dachte: ‚Das ist aber hübsch.' Jahrelang hatte sie vergessen, dass sie so etwas wie Haar hatte, sie flocht es am Abend und löste es am Morgen mit derselben Eile und Gleichgültigkeit, mit der sie ihre Schuhe schnürte und aufschnürte. Jetzt auf einmal sah sie das Haar, und sie wickelte sich vor dem Spiegel einige Strähnen um die Finger und war froh, dass es so hübsch war. Mellersh konnte es auch nicht gesehen haben, denn er hatte nie ein Wort darüber verloren. Wenn sie aber wieder zu Hause wäre, würde sie ihn darauf aufmerksam machen. „Mellersh", würde sie sagen, „guck dir mein Haar an. Gefällt es dir nicht, dass du eine Frau mit honiggoldenen Locken hast?"

WALT WHITMAN

Zugvögel
um Mitternacht

Hast du je die Chance gehabt, den Mitternachtsflug der Vögel über dir durch die Luft und die Dunkelheit zu vernehmen, unzählige Heerscharen, die ihr Habitat im Früh- oder Spätsommer wechseln? Das ist etwas, was man nicht mehr vergisst. Ein Freund weckte mich in der letzten Nacht kurz nach 12, um auf den eigentümlichen Lärm aufmerksam zu machen, den ein ungewöhnlich großer Schwarm auf seinem Weg gen Norden machte (ziemlich spät in diesem Jahr). In der Stille, dem Schatten und dem köstlichen Geruch jener Stunde (dieses natürliche Parfum, das allein der Nacht gehört), empfand ich es wie wundervolle Musik. Man konnte die charakteristische Bewegung *hören* – ein-, zweimal „das Rauschen der mächtigen Schwingen", aber oft ein samtenes Rauschen, lang ausgedehnt – manchmal recht nah – mit andauerndem Rufen und Zwitschern und einigen Tönen wie aus Liedern. Es dauerte von 12 bis nach 3 an. Ab und zu konnte man die Gattung unterscheiden; ich konnte den Reisstärkling erkennen, den Tanager, die Wilson-Drossel, den Weißkronensperling, und manchmal kamen von hoch oben aus den Lüften die Rufe des Regenpfeifers.

RAINER MARIA RILKE

Sonntag

Das war ... das war ... an der Ostsee. Ich kam von einem frühen Morgengang. Der Wald um mich her war still, ganz still. Auch mein Schritt verklang auf dem weichen habitbraunen Waldboden. Nur die Luft war voller Vogelsang. – Schulterhohe Farren prahlten mit perligem Tauschmelz. Die steifen Stämme glühten, und ihre hohen Kronen schwankten lautlos her und hin, als wollten sie den weiten Himmel blank scheuern. – Und der war doch so klar.

Jetzt tauchte das Dorf auf. Viel weißer waren die kleinen Häuser als sonst, und ihre moosbewimperten Augen, die Fenster, blinzten viel heller. – Und der Kirchturm mit dem roten Zwiebeldach – drollig: Der sah aus wie ein stämmiger, kerngesunder Pausback. – Drüben die Straße schimmerkiesig, und die Meilensteine, an ihrem Ranfte im Grünen, wie Kinder im Hemdchen, die knien und beten! – Nicht?

Beten, ja! Dank beten.

Ich ging durch die Gassen. Hart vor mir war der Morgen hier gegangen. Ich sah seine goldene Sohlenspur. Rechts bald, bald links hinter hellgrünen Latten standen sonnenhaarige Mädchen. Sie sangen und schnitten Rosen, sich damit zu schmücken. – Wir lachten und nickten uns zu. Und aus den Fenstern lugten freundliche, uralte Mütterchen zum Himmel hinauf mit lichtmatten, aber lachenden Augen. Kinder standen im Hemde am Türpfosten. Sie klatschten in die Hände, und ihre beiden pfirsichroten Backen waren voll Sonntagskuchen ...

Dann stand ich am Meer. Das Meer war wie violenblauer, schwerer Atlas. Ein winziges ockergelbes Segel sonnte weit draußen, und am Horizont zog wie ein silberweißer Schwan der große Rügendampfer ...

Ich staunte hinaus in die flimmernde Pracht. Wie ein Kind, das ein schönes Spielzeug erhalten hat, hätte ich alle rufen mögen, die mir lieb sind: „Kommt und seht, ist das nicht – herrlich?!"

Dabei war meine Brust voll Jubel und Lachen.

Ein brauner, alter Fischer kam just des Wegs. Ich eilte hinzu und drückte seine schwielenharte Hand, dass es mich schmerzte ...

Ja, das war an der Ostsee. – Hab damals übrigens fleißig Tagebuch geführt. An diesem Tage schrieb ich in mein Heft: „Ein Sonntag ...!" Kein Wort mehr. –

MASCHA KALÉKO

Gesucht: Ein Irgendwo von dazumal ...

Irgendwo, in diesem vom Lärm erdrosselten Leben,
muss es, so träume ich dann und wann,
ein schweigendes Wärterhaus geben,
mit ein paar Bäumen davor, und einem Vogel, der singt.
Von fern, das Gebirg. Man meint, in den Wolken zu schweben.
Und die Stille ringsum! Es ist eine Stille, die klingt.

Wieder beglückt mich der Duft der blühenden alten Kastanien,
den ich, unvergessen, so lang über Länder und Meere hin trug ...

Rosen zieh ich mir nicht, auch keine verwöhnten Geranien.
Feldblumen frisch auf den Tisch im bäuerlich irdenen Krug!

Nachbarlich grüßt mich vom Dorf zur
Vesperstunde das Läuten.
Das Eichhorn erkennt meinen Gang. Und es flieht
vor mir nicht mehr das Reh.
Vier Mal spiegelt der Bach mir das wechselnde Antlitz
der Zeiten.
Mein Kompass: Sonne und Wind. Meine Zeitungen:
Spuren im Schnee.

– Wie seltsam: der erste Tag, und ich fühle mich selig, zuhause!
Vertraut ist mir die Landschaft längst. Sah alles so oft
schon im Traum:
Den Brunnen, den Urväterrat und den offnen Kamin
in der Klause;
Petroleumlampe zur Nacht und Bänke aus knorrigem Baum.

... Irgendwo, in diesem vom Fortschritt zertretenen Leben,
muss es – ich träume es gar zu oft –
ein solches Wärterhaus geben.
Dort sitze ich öfters, im Geist, an dem himmlischen Frieden
mich labend,
und blicke, schweigend zumeist, in den
sinkenden Lebensabend.

DEN PULS DES EIGENEN
HERZENS FÜHLEN.
RUHE IM INNERN,
RUHE IM ÄUSSERN.
WIEDER ATEM HOLEN
LERNEN, DAS IST ES.

Christian Morgenstern

RAINER MARIA RILKE

Wenn es nur einmal so ganz stille wäre

Wenn es nur einmal so ganz stille wäre.
Wenn das Zufällige und Ungefähre
verstummte und das nachbarliche Lachen,
wenn das Geräusch, das meine Sinne machen,
mich nicht so sehr verhinderte am Wachen –:

Dann könnte ich in einem tausendfachen
Gedanken bis an deinen Rand dich denken

und dich besitzen (nur ein Lächeln lang),
um dich an alles Leben zu verschenken
wie einen Dank.

CLARA MARIA BAGUS

Der Duft des Lebens

Von diesem Wintertag an blühte Helenes Garten von Jahr zu Jahr über die Jahreszeiten hinweg in den prächtigsten Farben. Der Apfelbaum brachte im Frühling eine solche Fülle an Blüten hervor, dass es überall herrlich duftete, und trug im Herbst bis in jeden Zweig hinein Früchte. Als sei ein Teil von Helenes Lebenssäften in die Natur übergegangen. Ihr Duft hing selbst nach Jahren noch immer in der Luft.

Helenes Haus lag hinter einem Hügel etwas abseits der Stadt. Dort zog Selma den kleinen Jungen auf. Der Pfad, der hinunterführte, war schmal, ausgetreten und von Kastanien gesäumt, die ihre Äste über den Weg spannten. Wenn der Wind in der Morgensonne an den Blättern schaukelte, rauschte es sachte, und es tanzten viele kleine Lichter auf der Erde. So glich der Ort, an dem Aviv aufwuchs, einem Ort des leisen Erwachens.

Aviv war das letzte Neugeborene, dem Selma ins Leben verhalf. Trotz des Glücks, das sie mit dem kleinen Jungen empfand, konnte sie nicht ertragen, für den Schmerz über Helenes Tod, der sich seit jener schrecklichen Nacht in ihr Innerstes eingegraben hatte, niemand anderem die Schuld geben zu können als sich selbst. Frauen sterben bisweilen unter der Geburt. Schuld daran trägt keiner. Doch nun war das, wovon sie glaubte, dass es nur anderen geschehen könne, ihr selbst passiert. Und was, wenn es doch ihr Fehler gewesen war? Sie würde es nie erfahren. In jedem Fall war es ein seltenes Ereignis, das, da es unter ihrer Obhut eingetreten war, ein Loch in den Boden unter ihren Füßen gerissen hatte. Und wenn sie nicht behutsam ging, würde sie hineinfallen, da war sie sich sicher.

Wenn die Schwermut in ihr aufstieg, dass dieser kleine Kerl nie seine leibliche Mutter sehen würde, sah sie Aviv an. Dann versuchte sie den Schmerz hinunterzuschlucken, wieder ganz tief unten einzusperren und dem Leben mit seinen oft unverständlichen Wegen zu vertrauen.

Der Dezember ging zu Ende, und das vergehende Jahr hauchte seine letzten Atemzüge in einen Himmel, in dem die Luft hing wie flüssiges Blei. Es erweckte den Eindruck, dass es sich jeden Moment über die Zeit ergießen würde. Selma hoffte, dass die kommenden Jahre die Hände des kleinen Jungen mit Sternen füllen würden. Sie wollte alles dafür tun, um sein Leben, das eine so schmerzhafte Ankunft in der Welt hatte, zu einem guten zu machen.

Die ersten Monate nach den Geschehnissen jener Nacht erinnerte Selma als eine brachliegende Zeit, in der sie sich oft mutterseelenallein fühlte und aus der erst dann zaghaft wieder Leben spross, als der kleine Aviv heranwuchs und mit seinem sprühenden Wesen auch Selmas Blütezeit brachte.

Was es bedeutet, Mutter zu sein, ein Kind auf seinem Weg ins Leben zu begleiten, hatte sie sich nie so schwierig vorgestellt. Zweifel, alles richtig zu machen, durchfraßen ihre Gedanken zeitweilig wie ein Wurm einen Apfel. Und oft genug fühlte sie sich wie eine wurmstichige Frucht, ausgehöhlt, leer, morsch. Und es gab niemanden, dem sie sich hätte mitteilen können, niemand, der ihr sagte, was gut oder schlecht sei, richtig oder falsch. Alle Antworten musste sie in sich selbst finden. Doch die Liebe zu diesem Kind nährte sie und gab ihr mehr Kraft zurück, als sie aufrieb.

Aviv war ein Junge, der mit dem ersten Aufschlagen der Lider einen so wachsamen Blick in die Welt warf, sich so erstaunt umsah, als frage er sich, in welchem Leben er wohl gelandet sei. Er drehte sein Köpfchen achtsam, verschlang die neue Welt mit seinen großen Augen, die ihm vor lauter Neugierde nahezu aus dem kleinen Kopf zu purzeln schienen. Und oft genug schien es Selma, als sei der Kleine nicht von hier, als sei er aus dem Nirgends gekommen, mit einer besonderen Bestimmung, die sich ihn ausgesucht hatte, damit er sie erfüllte. Mit diesem Auftrag schien er nun Fähigkeiten in die Welt zu bringen, die mit dem Irdischen, das sie bisher kannte, nichts zu tun hatten.

Die Jahre rieselten dahin. Selma und Aviv teilten viele Momente eines besonderen, gehüteten, unantastbaren Glücks. Selma war wie eine Glasglocke, die sich über den Knaben stülpte und alles Unheil von ihm fernzuhalten versuchte. Ihre Wärme glühte in jeder Ecke des Hauses und ließ Aviv im Mantel ihrer Liebe leicht und unbeschwert heranwachsen.

Als er groß genug und zu einem aufmerksamen, wachen Kerlchen gereift war, erzählte Selma ihm, was in jener Nacht geschehen war.

Vielleicht hoffte sie auf Vergebung, darauf, dass ihr jemand die Schwere ihrer Schuldgefühle nahm. Doch für den Jungen waren die Dinge so, wie sie waren: keine Vergebung wo keine Schuld.

Das Gefühl des Versagens blieb. Ihre einzige Möglichkeit wiedergutzumachen, was sie nicht hatte verhindern können, war, weiterhin alles dafür zu tun, um Avivs Augen lächeln zu sehen und seinen Blick für das Wesentliche zu schärfen. Und das gelang ihr.

Sie lehrte ihn die Magie der Stille, den Zauber der Natur und die Beobachtung der Welt. Oft saßen sie gemeinsam im Gras und lauschten dem Tanz der Blätter im Wind. Oder sie bewunderten die Himmelszeichen der Glühwürmchen, wenn sie in den warmen Nächten aus den Zweigen sprangen.

„Es geht darum, herauszufinden, wer man ist und was man in diesem einen Leben sein will", sagte Selma dann, „und es geht darum, wie man über sich, andere und die Welt denkt. Dein Körper ist wie eine Pflanze, deine Gedanken sind wie Blütenknospen. Sind sie frisch, gesund, hell und heilsam, tragen sie zu deinem und dem Wohlergehen anderer bei. Sind sie hingegen welk, krank, dunkel und giftig, verderben sie dich selbst und springen wie eine Seuche auf andere Menschen über. Das führt zum Sterben der Knospen und schließlich der menschlichen Natur." – „Bewahre dir deinen Geist als kristallklaren Spiegel, der, wenn du ihm Aufmerksamkeit schenkst, die Wirklichkeit reflektiert, so wie sie ist. Strebe immer danach, ihn zu säubern und zu polieren, damit der Schmutz der schlechten Gedanken niemals an ihm haften bleibt."

Und als Selma ihm an einem solchen Tag den gefalteten Brief seiner leiblichen Mutter überreichte, sagte Aviv: „Nicht jetzt, Mama. Wenn ich diesen Brief jetzt lese, raube ich uns unsere gemeinsame Gegenwart. Ich würde über das nachdenken, was war, und darüber, was hätte sein können. Nie möchte ich die Zeit, die du mir geschenkt hast, und das Schöne, das uns verbindet, infrage stellen. Ich möchte keiner Vergangenheit nachtrauern, die ich nie hatte, und auch keiner Zukunft hinterherjagen, die es unmöglich macht, den Augenblick zu bewahren. Jetzt ist unsere Zeit. Bewahre den Brief für mich auf, bis seine Zeit gekommen ist."

Selma schloss die Augen. Ihre Lider sanken so tief ein, als seien keine Augäpfel mehr darunter. Wie alt sie geworden war. Glitzernde Tropfen rannen ihr über die Wangen, dann vergrub sie den Brief wieder in ihrer Schürzentasche. Wie sehr sie diesen Jungen liebte! Nie hätte sie geglaubt, dass die Liebe zu einem Kind, auch wenn es nicht das eigene Fleisch und Blut war, so erfüllend sein konnte. Wenn sie Aviv ansah, war ihr, als ob ihr Atem bis in jede Faser ihres Körpers dringen würde und ihn bis in den kleinsten Winkel mit Dankbarkeit füllte. Mit Aviv fühlte sie sich vollständig.

„Ich liebe dich und bin dankbar für dieses Glück. Du bist ein großartiger Junge, Aviv", sagte sie.

„Lange nicht so großartig, wie du es verdienst, Mama", sagte Aviv und nahm sie in den Arm. Dabei fiel sein schwarzes, volles Haar über seine Ohrmuscheln. Die beiden hielten sich eine Weile, und jeder wusste auf seine Art: Es war gut.

Selma war die Güte in Person. Niemals urteilte sie voreilig über Menschen und Gegebenheiten, ohne die Umstände zu prüfen.

„Sieh dir zuerst genau an, welchen Weg Fehler, Missetaten und Unrecht anderer Leute genommen haben, bevor du sie verurteilst", pflegte sie zu sagen. „Oft nimmt das Übel an ganz anderer Stelle seinen Ausgang."

Sie hielt auch nicht viel von Geschichten über andere Leute. Ihr wurde allgemein zu viel gesprochen und zu wenig gedacht. Dinge, die nur auf vage Vermutungen gestützt waren, wollte sie nicht hören. „Überlege dir gut, was du über jemanden sagst, Aviv", hatte sie ihm eingeprägt. „In dieser Welt bedeutet und überlebt das, was über Leute gesagt wird, leider genauso wie ihre wirklichen Handlungen. Ganz egal, ob das Gesagte stimmt oder nicht. Schnell hat man jemandem ein Mal in die Stirn gebrannt." Sie rieb sich die Schläfe. „Für andere ist man ohnehin der, für den sie einen halten. Daran kann man nichts ändern. Dann sollte man wenigstens beeinflussen, was sich beeinflussen lässt, nämlich was man selbst denkt, sagt oder tut."

Aviv lernte von Selma die Besonderheiten der Welt zu sehen, nichts für Kleinigkeiten zu halten und dankbar zu sein. Er war aufmerksam und bemerkte schnell, wenn sich etwas veränderte, und sei es auch nur unmerklich.

So sah Aviv Dinge, die andere nicht wahrnahmen. Die Sorgfalt seines Blicks verlieh ihm die erstaunliche Gabe, in die Köpfe der Menschen zu kriechen. Verblüffend war seine Fähigkeit, sich in nahezu jeden hineinversetzen zu können. Er schien die Gedanken der Menschen lesen zu können, noch bevor sie sie aussprachen, ihre Gefühle beschreiben zu können, bevor die Menschen sie selbst verstanden, und ihre Handlungen im Voraus zu kennen.

Manchmal war ihm das, was er beobachtete und entdeckte, zu viel, und es ging ihm so nahe, dass es Aviv notwendig erschien, einen gewissen Abstand zwischen sich und die Welt zu bringen. Dann zog er sich in den Wald zurück und lauschte der Stille.

ERLING KAGGE

Stille.
Ein Wegweiser

Kann ich der Welt nicht durch Gehen, Klettern oder Segeln entkommen, habe ich gelernt, sie auszusperren.

Es zu lernen, hat eine Weile gedauert. Erst als ich begriff, dass ich ein tiefes Bedürfnis nach Stille habe, begann ich, die Stille zu suchen – und dort, tief unter einer Kakophonie von Verkehrslärm und Gedanken, Musik und Maschinengeräuschen, iPhones und Schneefräsen, lag sie verborgen und wartete auf mich. Die Stille.

Vor nicht allzu langer Zeit versuchte ich meine drei Töchter zu überzeugen, dass die Geheimnisse der Welt sich in der Stille verbergen. Wir saßen am Sonntag beim gemeinsamen Mittagessen am Küchentisch. Es ist der einzige Termin in der Woche, wo wir alle Zeit haben, sitzen bleiben und miteinander reden – von Angesicht zu Angesicht. An den anderen Wochentagen ist es einfach zu hektisch. Die Mädchen sahen mich mit skeptischen Blicken an. Die Stille ist doch nichts? Noch bevor ich ihnen erklären konnte, dass die Stille ein Freund sein kann und ein Luxusgut ist, das mehr wert ist als die Taschen von Marc Jacobs, die sie so gern hätten, stand das Ergebnis für sie fest: Stille ist einfach ein Ausweg, wenn man alles satthat. Darüber hinaus hat sie keinen Wert.

Als wir am Tisch saßen, erinnerte ich mich mit einem Mal daran, wie neugierig sie als Kinder waren. Wie sie wissen wollten, was sich hinter einer Tür verbarg. Der Blick, mit dem sie einen Lichtschalter ansahen und fragten, ob ich „das Licht aufmachen" könne.

Fragen und Antworten, Fragen und Antworten. Das Staunen ist der eigentliche Motor des Lebens. Meine Kinder sind dreizehn, sechzehn und neunzehn Jahre alt und staunen allmählich immer weniger. Wenn sie über etwas erstaunt sind, ziehen sie einfach ihre Smartphones heraus, um nach einer Antwort zu suchen. Neugierig sind sie noch immer, aber ihr Gesichtsausdruck ist weniger kindlich, sondern erwachsener, und in ihren Köpfen stecken heute mehr Ambitionen als Fragen. Keine zeigte größeres Interesse, noch weiter über die Stille zu sprechen, also entschied ich mich, eine Geschichte zu erzählen, die geeignet ist, Stille zu erzeugen:

Zwei Freunde von mir hatten beschlossen, den Mount Everest zu besteigen. Früh am Morgen verließen sie das Basislager, um über die Südwestwand des Berges zu klettern. Es ging gut. Beide erklommen den Gipfel, doch dann zog ein Sturm auf. Sie erkannten sehr rasch, dass sie den Abstieg nicht überleben würden. Der Erste erreichte über das Satellitentelefon seine schwangere Frau. Gemeinsam einigten sie sich auf einen Namen für das Kind, das sie in sich trug. Dann schlief er direkt unter dem Gipfel friedlich ein. Mein anderer Freund konnte niemand mehr erreichen, bevor er starb. Keiner weiß, was eigentlich an diesem Nachmittag auf dem Berg passiert ist. Dank des kalten, trockenen Klimas in über achttausend Meter Höhe sind sie gefriergetrocknet. Sie liegen dort in der Stille und sehen ungefähr so aus wie damals vor zweiundzwanzig Jahren, als ich sie das letzte Mal sah.

Ausnahmsweise wurde es still am Tisch. Eines der Mobiltelefone klingelte, als eine Nachricht hereinkam, aber keiner von uns dachte daran, ausgerechnet jetzt sein Telefon zur Hand zu nehmen. Wir füllten die Stille mit uns.

Nicht lange danach wurde ich eingeladen, an der St. Andrews-Universität in Schottland einen Vortrag zu halten. Ich durfte mir das Thema selbst aussuchen. Normalerweise erzähle ich von meinen Extremtouren an die Enden der Welt, doch diesmal dachte ich an zu Hause, an das sonntägliche Mittagessen mit der Familie. Ich wählte als Thema die Stille. Ich bereitete mich sorgfältig vor, war aber nervös, wie so oft. Vielleicht gehörten unzusammenhängende Gedanken über die Stille zu einem Essen am Sonntagmittag, und nicht in ein studentisches Forum? Es war nicht so, dass ich erwartete, in den achtzehn Minuten, die mir für meine Rede zur Verfügung standen, ausgebuht zu werden, dennoch war es mein Ziel, bei den Studenten Interesse für das Anliegen zu wecken, das mir am Herzen lag.

Ich begann die Vorlesung damit, dass ich eine Minute der Stille vorschlug. Es wurde absolut still, man hätte eine Stecknadel fallen hören. In den folgenden siebzehn Minuten redete ich über die *Stille um uns herum*, aber ich erzählte auch von etwas noch Wichtigerem, von der *Stille, die wir in uns haben*. Die Studenten blieben still. Sie hörten zu. Es schien, als hätten sie die Stille vermisst.

Am Abend ging ich mit einigen der Studenten in einen Pub. Als wir, jeder mit einem Glas in der Hand, hinter der zugigen Eingangstür standen, war es genauso, wie ich es aus meiner Studienzeit in Großbritannien in Erinnerung hatte. Nette, neugierige Leute, gute Stimmung, interessante Gespräche. *Was ist Stille? Wo ist sie? Warum ist sie heute wichtiger denn je?*, waren die drei Fragen, auf die sie eine Antwort wollten.

Mir war dieser Abend sehr wichtig, nicht allein wegen der angenehmen Gesellschaft, sondern weil ich dank der Studenten begriff, wie wenig ich selbst wusste. Zu Hause musste ich wieder und wieder an diese drei Fragen denken. Es wurde zur Manie.

Was ist Stille? Wo ist sie? Warum ist sie heute wichtiger denn je?

SELMA MERBAUM

Stille

Im Zimmer schwebt die Stille und die Wärme,
ganz wie ein Vogel in durchglühter Luft,
und auf dem schwarzen kleinen Tische
liegt still das Deckchen, dünn und zart wie Duft.
Das Glas mit klarem Wasser, wie ein Traum,
wacht, dass das Glöckchen neben ihm nicht lärme,
und wartet scheinbar auf die kleinen Fische.
Die rote Nelke dämmert in den Raum,
als wäre sie dort Königin.

Die ganze Stille scheint für sie zu sein,
und nur die Flasche mit dem süßen Wein
blinkt still und wie befehlend zu ihr hin.
Sie aber schwebt auf ihrem grünen Stängel,
dünn wie im Kindertraum das Kleid der Engel,
und ihr betäubend süßer Duft lullt ein,
als wollt er aus dem Märchenschlaf
Dornröschen rauben.

Die Fenster blicken auf die Straße und sie glauben,
dass dort sei alles nur für sie getan.
Der Spiegel glänzt und in ihm tickt die Uhr,
ganz weit im fernen Dorfe kräht ein Hahn,
und die Gardinen bändigt eine blaue Schnur.
Die Nelke mit den zarten roten Spitzen
harret des Sonnenstrahls, der durch die Ritzen
ihr heut ein Kleid aus Goldstaub angetan.

MAX FRISCH

Die Stille

Sonderbar ist die Stille, die einen keuchenden Kletterer auf dem Gipfel empfängt, eine Stille, die nicht auf ihn gewartet hat, die sich nicht um seine Ankunft kümmert und ihn auf eine unheimliche Weise fast verlegen macht, jetzt, da er sein Streben erfüllt hat und stolz sein möchte, eine Stille, die nichts von Ehrgeiz weiß ...

Endlich schnallt er seinen Rucksack ab. Wie am ersten Tag, als Gott das Licht schuf, so blendet das weiße Gebirge ringsum, das sich in den hohen und blauen Himmel zackt, so klar und scharf und spitz wie lauter Kristalle, Gipfel neben Gipfel, so weit man schaut, wie Gottes steile und silberne Handschrift, hingeschrieben an den glühenden Rand dieser Welt!

Später, als er sich Stirn und Hals und Arme eingeschmiert hat und endlich seine Sonnensalbe wieder versorgt, denkt er vielleicht auch einen Augenblick lang an die junge Fremde, die ihn gestern im Bach gesehen hat; aber nur einen Augenblick lang –

Es ist, als löse sie alles Denken auf, diese Stille, die über der Welt ist; man hört nur noch sein eignes Herz, das klopft, oder mitunter den Wind, der in den Ohrmuscheln saust. Und wenn einmal eine schwarze Dohle um die Felsen segelt und wieder mit heiserem Schrei entschwindet, immer bleibt diese einsame Stille zurück, die um alles Leben ist und jeden Aufschrei verschluckt, als sei er nie gewesen, diese namenlose Stille, die vielleicht Gott oder das Nichts ist.

HEINRICH SEIDEL

Ein Strandidyll

I. Der Einsiedler.

Martin Wedeking war ein wenig, was man einen Einsiedler nennt. Solche gedeihen bekanntlich am besten in den Wüsten und Wildnissen oder in den ganz großen Städten, wo sich niemand viel um seinen Nebenmenschen bekümmert. Es ereignet sich nun öfter, als manche klugen Leute annehmen, dass solche zum träumerischen Vorsichhinleben geneigte Menschen in der von ihnen gewählten praktischen Tätigkeit voll ihren Beruf erfüllen, und zwar in einer nüchternen und tüchtigen Weise, die niemanden ahnen lässt, welche bunte Gedankenwelt noch außerdem in diesem Kopfe wohnt. Das Leben solcher Sonderlinge ist scharf in zwei Teile geschieden, und der Mensch der Geschäftsstunden ist so sehr von dem Menschen der Freistunden verschieden, dass es kaum glaublich ist, beide könnten in einem Rocke stecken.

Martin Wedeking war Oberingenieur in einer der großen Maschinenfabriken vor dem Oranienburger Tor in Berlin; dort war er kurz, scharf und klar in allen seinen Äußerungen, sein Denken war mathematisch und einzig auf sein Fach gerichtet, sodass er unter den Genossen für einen der tüchtigsten Ingenieure galt. Wenn er aber zu Hause saß in seiner behaglichen kleinen Wohnung, die an dem sogenannten „Kessel" lag, jenem stillen friedlichen Platz mit Blumenanlagen und Springbrunnen, der sich von der Kesselstraße abzweigt, da war jene Welt mit ihrem hastigen Getriebe, schnurrenden Riemscheiben, klappernden Rädern und schütternden Dampfhämmern gänzlich versunken, und Martin Wedeking war ein friedlicher Träumer, der Blumen zog, seltene einheimische Singvögel fütterte, Ameisen beobachtete, die er in glasbedeckten, mit Erde gefüllten Kästen hielt, und sich mit Werken der Dichtkunst beschäftigte.

Daraus wird nun wohl jeder, der sich einige Klugheit zutraut, schließen, dass er selber ein heimlicher Dichter war und seine Musestunden auch dazu verwandte, schönes weißes Papier höchst unökonomisch nur in der Mitte zu beschreiben, wie Scheffel sagt; allein dies war nicht der Fall, sondern er gehörte zu den heutzutage so seltenen platonischen Liebhabern dieser Kunst. Ihm erschien es wie Wunder und Geheimnis, dass durch den bloßen Zauber der Sprache solche Wirkungen erzielt werden konnten, und mit gewissen Lieblingsgedichten vermochte er sich jederzeit in Rührung zu versetzen. Denn er gehörte zu denjenigen Naturen, welche, wenn sie der Schönheit und Vollendung begegnen, davon bis zu Tränen ergriffen werden.

Da Martin Wedeking ein großer Naturfreund war, so gehörten Stifter und Storm zu seinen Lieblingen, andererseits aber auch zog ihn im vollen Gegensatze zu seinem scharf verstandesmäßigen Beruf das Märchenhaft-Fantastische an, und an manchem stillen Winterabend ergötzte er sich höchlich an Hoffmann, Edgar Poe und Gullivers Reisen von Swift, welches Buch er immer und immer wieder lesen konnte, wobei ihn weniger die grausame Satire auf das Menschengeschlecht als vielmehr die ungewöhnliche Kunst zu fabulieren anzog, durch welche dieser außerordentliche Schriftsteller auch das Wunderbarste anschaulich zu machen versteht.

So lebte Martin Wedeking in seinen zwei Welten behaglich vor sich hin mit der Regelmäßigkeit eines Uhrwerkes, und nur alljährlich im Sommer durchbrach er diese Einförmigkeit seines Daseins dadurch, dass er sich auf vier Wochen frei machte, um aus der Einsamkeit der großen Menschenwüste in die wirkliche Einsamkeit des Gebirges, des Waldes, der Heide oder des Seestrandes zu verschwinden. Dies waren die stillen Freuden- und Glanzpunkte seines Lebens, von welchen er das ganze Jahr hindurch in der Erinnerung zehrte. Nachdem er nun dergleichen Sommervergnügen schon in den einsamsten Teilen des Harzes und Thüringer Waldes, ja einmal sogar in Ausführung eines lang gehegten Planes in der Lüneburger Heide zugebracht hatte, war die Sehnsucht nach der See und nach dem Strandwalde in ihm erwacht, und als wieder der Sommer kam, war er fest entschlossen, seinen Urlaub diesmal in seiner mecklenburgischen Heimat an der Ostsee zu verbringen. Er wusste dort einen Ort, im Wald gelegen und nicht weit vom Strand, der nur aus den Gehöften von zwei kleinen Bauern und dem Anwesen eines Forstwärters bestand. Wenn er dort unterkommen konnte, was er nicht bezweifelte, war er nach seinen Begriffen wohl aufgehoben, und dachte er daran, so hörte er schon im Geiste das eintönige Singen der Tannenwipfel, vernahm das taktmäßige Rauschen der Wellen, die unablässig ans Ufer schlagen, fühlte den wunderbar frischen Anhauch des Seewindes, und jene Sehnsucht nach grüner Waldeinsamkeit stieg in ihm empor, deren zwingende Kraft nur der Naturfreund kennenlernt, welchen sein Geschick jahraus, jahrein in der Häuserwüste einer riesigen Stadt festhält. So machte er sich denn rechtzeitig frei, begab sich an einem schönen Junitag auf den Stettiner Bahnhof, und bald versank hinter ihm der aus ungezählten Schornsteinen dampfende geräuschvolle Norden Berlins mit seinen rauchgeschwärzten Fabrikgebäuden. Einem anderen Norden rollte er zu, wo er nicht nur mit dem Kopf, sondern auch mit dem Herzen zu Hause war.

II. Baumgartenheide.

Wedeking war wirklich bei dem Forstwärter von Baumgartenheide untergekommen, obwohl dieser und seine Frau sich anfangs sehr gesträubt hatten, weil sie auf die Unterbringung von Gästen gar nicht eingerichtet seien. Da sich aber der Fremde mit allem zufrieden erklärte, hatte sich eine kleine Kammer gefunden, in welcher gerade ein Bett, ein Tisch und ein Stuhl stehen konnten, und man hatte sich schließlich geeinigt. Nachdem er dann die nächste Umgebung bis an die nicht weit entfernte See hin durchstreift und mit der unvergleichlichen Wonne eines in dem einförmigen Berufs- und Stadtleben vollständig ausgehungerten Naturfreundes sich an dem Duft des Waldes, dem einsamen Säuseln der Wipfel und dem frischen Rauschen der unbegrenzten See erfreut hatte, saß er in der Dämmerung behaglich in einem kleinen Vorbau des Hauses vor einem weiß gedeckten Tisch und verzehrte sein Abendbrot. Auch dies erschien ihm unvergleichlich und voller Poesie, obwohl es nur aus Rührei mit Schinken, Butter, Schwarzbrot und ein wenig Kuhkäse bestand, nachdem er zuvor eine kleine Satte dicker Milch mit geriebenem Brot und Zucker ausgelöffelt hatte. Das war alles so ursprünglich, so einfach und so frei von Künstelei. Solche Gerichte aß er niemals in der Stadt, weil sie ihm dort gar nicht schmeckten, aber hier in dem strohgedeckten Landhause, das rings umgeben war von der schweigsamen Majestät des dämmernden Waldes, in dessen Wipfeln noch ein wenig Abendschein träumte, hier in dieser stillen Ländlichkeit, da erschien ihm dies wie eine köstliche Sache, und unwillkürlich summten ihm die Goethe'schen Verse durch den Kopf:

Wie ist Natur so hold und gut,
die mich am Busen hält.

Die Tür zur Vordiele war geöffnet, und hinter dieser lag gleich die Küche. Dort befand sich das hübsche Mädchen, welches ihm das Essen aufgetragen hatte, die jüngere Schwester des Forstwärters. Er war fast verwundert gewesen über die schlanke Schönheit mit der feinen gebogenen Nase und den blauen Augen, über welche lange dunkle Wimpern schatteten. Sie war fein und doch kräftig gebaut und ihre Gesichtsfarbe nicht zu blühend, aber auch nicht zu blass, durchleuchtet von jenem unvergleichlichen Rosenschimmer der Gesundheit. Es gibt vielleicht keinen besseren Ausdruck für das äußere Ansehen dieses Mädchens, als wenn man sagt, sie besaß das, was man bei schönen Pferden Rasse nennt. Sie hatte sehr schnell und geschickt, aber fein ernsthaft und mit niedergeschlagenen Augen ihr Werk verrichtet, und nun war sie in der Küche mit dem Dienstmädchen, welches eine kleine flinke rundliche Büdnerstochter aus der Umgegend war, mit häuslichen Arbeiten beschäftigt. Dabei unter dem Schlüsselgeklapper und dem Platschen des Wassers, welches Wedeking vernahm, zwitscherten die frischen Kinder zusammen wie zwei Vögelchen, und ab und zu trällerte die eine oder die andere eine Strophe aus einem Volkslied.

Der junge Mann saß nach beendigter Mahlzeit behaglich zurückgelehnt, während draußen die Dämmerung immer weiter sich verbreitete, und indem er diesem freundlichen Geplauder, dessen Worte er nicht verstand, lauschte, wie man auf ein Bächlein horcht, das über Kiesel lieblich klingend dahinplätschert, fühlte er sich innerlich glücklich und voller Frieden, und weit versunken hinter ihm war die große Stadt mit ihren Tausenden von Schornsteinen, ihrem Dampf, Rauch und Getöse. Das Leben dort kam ihm vor wie ein breiter und trüber Strom, verunreinigt durch allerlei Schlamm und Fabrikgewässer, aber hier war ihm, als sähe er seinen unberührten klaren Quell aus verborgener Tiefe sprudeln.

Dann kam der Forstwärter aus dem Wald nach Hause, und die beiden Männer saßen im Wohnzimmer und rauchten und plauderten miteinander. Dort waren die Wände geziert mit einer großen Anzahl von Gehörnen und Geweihen, deren Träger der Forstwärter in anderen Gegenden der großen Heide, wo er früher als Jäger tätig gewesen, alle selber erlegt hatte. Jede dieser Trophäen hatte natürlich ihre kleine Geschichte, und dergleichen hörte Wedeking für sein Leben gern. Zudem hatte sich der Forstwärter durch Anregung seines früheren Lehrherrn ein wenig mit Botanik befasst und wusste über die seltenen Pflanzen der Umgegend gute Auskunft zu geben. Es wuchs dort mancherlei, das nicht überall vorkam, so die große über mannshoch werdende Saudistel, deren Blätter wie gezackte Hellebardenspitzen aussehen, die strauchartige Sumpfwolfsmilch mit den leuchtend roten Zweigen, das stattliche und schöne Königsfarnkraut und im Moor die schöne Andromeda mit blass violetten Glöckchen sowie auf den mit dunkelbraunem Wasser erfüllten Tümpeln die seltsame *Utricularia,* welche nicht im Boden wurzelt, sondern auf ihrer fein verzweigten, mit kleinen Bläschen besetzten Wurzelverzweigung schwimmt, aus welcher sie zur Blütezeit über die Wasseroberfläche einen Stängel mit Blüten vom herrlichsten Goldgelb emportreibt, und was dergleichen kleine freundliche Naturwunder mehr sind. So saßen sie und plauderten, indes draußen die Finsternis der Nacht sich verbreitete und eine große Stille herrschte, sodass Wedeking mitunter in den Pausen des Gespräches eine Leere in seinem Ohr fühlte, weil er das gewohnte Rollen der Wagen vermisste. Nur eine Eule flog zuweilen mit klagendem Schrei draußen vorüber oder ein Nachtfalter mit leichtem Stoß gegen das erleuchtete Fenster. Aus dem entfernten Schlafzimmer tönte der summende Gesang der Frau, welche ihre unruhige Jüngste in Schlaf wiegte, und in der Küche plauderten und sangen die beiden Mädchen, bis auch sie still wurden. Dann kam die Frau, um dem Manne Gute Nacht zu sagen, denn es war zehn Uhr, und bald darauf fing auch der Forstwärter an heimlich zu gähnen, denn morgens war er früh auf und den ganzen Tag tätig. So nahm Wedeking denn sein Licht und suchte sein kleines Schlafkämmerchen auf. Das Fenster war geöffnet und der ganze Raum erfüllt von frischem Waldgeruch. Er kramte seine Sachen zurecht und schloss dann die unteren Flügel, während er die oberen geöffnet ließ. Als er in seinem Bett lag, herrschte das tiefste Schweigen im Haus, nur der Holzwurm pickte im Gebälk und ein Mäuschen raschelte behutsam vor der Tür seiner Kammer. Da vernahm er wie aus weiter Ferne durch diese große Stille hindurch ein leises taktmäßiges Rauschen wie den Pulsschlag der schlafenden Natur. Es war die Ostsee, welche, von einem längst entschlafenen Wind aufgeregt, unablässig an ihre Ufer brandete.

III. Der Strandwald.

Eine ungewohnte Musik erweckte Wedeking am andern Morgen in der Frühe aus dem Schlaf. Das unablässige Gezwitscher einer Rauchschwalbe, das Flöten eines Rotschwanzes vom Dachgiebel, der kecke Gesang eines Zaunkönigs in der Gartenhecke und das Schmettern der Finken im nahen Wald hatten sich schon unbemerkt in seine Träume gesponnen; er saß in der Philharmonie zu Berlin und hörte mit verwundertem Behagen eine feine Musik von Geigen, Klarinetten und Flöten, aber plötzlich fuhr es mit Glockenlauten, Kontrabass und Bombardon dazwischen, welches einen so seltsamen Eindruck machte, dass er sogleich aufwachte und nun vernahm, dass es die mit Kupferglocken behangenen Kühe des Forstwärters waren, welche fröhlich brüllend auf die Weide zogen.

Vergnügt kleidete er sich an, um ebenfalls auf die Weide zu gehen, auf die Augen-, Ohren- und Herzensweide, welche ihm die freundliche Natur in Gestalt von Wald und Wasser und Wiese draußen aufgebaut hatte. Mit unendlichem Behagen durchstreifte er jetzt und in den folgenden Tagen die waldige Einsamkeit nach allen Richtungen.

HANS FALLADA

Strand, Sand, Sonne

Sie wanderten der östlichen Seite der Bucht zu. Auf einem zum Meer sich senkenden Hochland lagen verstreut Höfe und Dörfer zwischen Bäumen. Die Luft schien zu zittern darüber, aus den Schornsteinen stieg bläulicher Rauch, der sich rasch verlor, und man unterschied die in der Sonne blendenden Wände der Kreidebrüche. Wo die Spitze des Hochlandes ins Meer stieß, sahen sie die satten grünen Töne großer Laubwälder, die sich – fernerhin – gegen den blauen Himmel verwischten.

Dieses Hochland, das eine warme und ausgetrocknete Luft ihnen so nahe brachte, dass sie jedes Fenster, ein über die Dorfstraße huschendes Tier unterschieden, schien ihnen friedlich und von einer unbekannten stillen Schönheit.

„Wären wir dort!"

„Unter den Bäumen."

„Verwachsene Pfade eine Lichtung entlang."

„Sonniges Ruhen auf der Kante eines Kreidebruchs."

„Ach, auch dort werden Menschen sein!"

„Und nicht andere als die schon gesehenen."

„So viel müssen wir uns gegen sie behaupten, dass wir oft die für sie gemeinte Gebärde gegen uns wenden."

„Wo ist die stille Insel der Südsee?"

„Wo unser Waldwiesenhaus?"

Sie sahen einander in die Augen. Sie lasen in einander all jene Träume von Glück –: an deren Möglichkeit sie noch glaubten, die nur darum unmöglich schienen, weil jene überall waren.

„Auch hier sind wir allein!"

Fern hinten, kaum noch erkennbar, wehten die bunten Fahnenfetzen der Burgen. Sonnenbestrahlt, verlassen wanderten die weißlichen Dünen, Begleiterinnen ihres kühlen Weges.

„Gehen wir noch weiter. Das dort hinten soll ganz fort sein."

Sie wateten weiter. Ein wenig kamen sie vom Ufer ab, kühler wurde das Wasser, reichte bis zum Knie und Gerda stieß einen Schrei aus.

„Was ist?"

Sie versuchte umsonst, die gerafften Röcke mit einer Hand zu halten, um etwas zu greifen. Er hob ihr eine Qualle heraus, sie berührte sie mit einem Finger.

„Setze sie zurück. Wie hässlich sie sich anfasst und wie schön sie ist!"

Sie segelte langsam mit Dutzenden ihrer Schwestern längs der Küste dahin, ihre Fühlfäden, durch die manchmal ein Streif Lila lief, bewegten sich leise und die atmende Schale war durch eine bunte, regelmäßig gewundene Kante verziert.

„Woher kommen sie? Was wollen sie hier? Können sie sehen? Wovon leben sie?"

Er wusste fast nichts. „Wir wollen im Konversationslexikon nachsehen. Im Esssaal ist eines."

„Hier will ich es wissen. Von dir. Gedruckt ist es bloß langweilig."

Sie schlenderten weiter. Sie wandten sich um: Sie waren allein. Selbst das Dünenhotel war verschwunden. Ein breiter, fahl leuchtender Streif lag, unendlich sanft gewunden, die

Küste vor ihnen. Die flachen Rücken duckten sich unter dem siegenden Blau des Himmels, in dem ein paar Möwen hingen, schossen, hingen, und aus einem Winkel der Bucht zog das rostrote Segel eines Fischerbootes auf die See hinaus.

DIE RUHE,
DIE DER GEIST GENIESST,
WENN ER SICH SELBST
GEMÄSS LEBEN DARF,
IST DAS EINZIG WAHRE,
UNZERSTÖRBARE GLÜCK.

Malwida von Meysenbug

ARNO HOLZ

Über die Welt hin ziehen die Wolken.
Grün durch die Wälder
fließt ihr Licht.

Herz, vergiss!

In stiller Sonne
webt linderndster Zauber,
unter wehenden Blumen blüht tausend Trost.

Vergiss! Vergiss!

Aus fernem Grund pfeift, horch, ein Vogel ...
Er singt sein Lied.

Das Lied vom Glück!

Vom Glück.

ARNO HOLZ

Hinter blühenden Apfelbaumzweigen
steigt der Mond auf.

Zarte Ranken,
blasse Schatten
zackt sein Schimmer in den Kies.

Lautlos fliegt ein Falter.

Ich strecke mich selig ins silberne Gras
und liege da,
das Herz im Himmel!

Nordlichter

Ein Kratzgeräusch auf dem Hausdach riss Tanja aus ihren Gedanken. Tauben. Noch immer saß sie am Wohnzimmertisch. Vor ihr Mutters Dokumente und der mittlerweile kalte Milchkaffee. Sie fand Ansichtskarten mit ihrer Handschrift aus Berlin, Lissabon, Venedig und von der Costa Brava. Orte, die Tanja mit David und Peter bereist hatte. Da waren auch noch ein paar Fotos, die Mutter und Tochter zeigten. Hin und wieder war auch David drauf. Peter war nirgends zu erkennen, Tanjas Mutter hatte ihn nie besonders gemocht.

Dann zog ein vergilbter Briefumschlag Tanjas Aufmerksamkeit auf sich. United States Air Mail, adressiert an ihre Mutter. Sie drehte den Umschlag und las den Absender: Mike Gerber, Anchorage, Alaska, USA. Tanjas Atem stockte und sie drehte den Briefumschlag wieder, um das Datum des Poststempels zu sehen. Der Brief war fast auf den Tag genau vierzig Jahre alt.

Hm, ein paar Monate nachdem uns Vater im Stich gelassen hat.

Tanja hatte keine bildlichen Erinnerungen an ihn. Zu jung war sie damals gewesen. Hin und wieder hatte sie ein schwammiges Gefühl, dass da jemand war, bei dem sie sich wohlgefühlt hatte. Jemand, der sie am Abend ins Bett trug. Aber sie war sich nie sicher, ob das nicht nur Einbildung war.

Tanja nahm den Brief zögernd aus dem Umschlag, überlegte es sich aber sofort wieder anders. Ihr war schwindlig und der Magen drehte sich. Sie hielt sich mit beiden Händen am Tisch fest, als würde sie jeden Moment vom Stuhl fallen. Dann steckte sie den Brief wieder zurück in den Umschlag, stand auf und ging mit weichen Knien in den Garten. Die üblichen Frühlingsarbeiten standen an.

Tanja war über ihre heftige Reaktion auf den unerwarteten Fund verwirrt. Die Geschichte mit ihrem Vater war für sie längst abgeschlossen. Oder nur verdrängt? Die junge Tanja hatte keine andere Wahl, als die Existenz ihres Vaters zu verdrängen. Ihre Mutter hatte nie ein gutes Haar an ihm gelassen und Fragen immer sofort abgeblockt.

„Wir kommen auch ohne diesen Egoisten zurecht!", hörte sie oft. Irgendwann ließ sie die Fragen sein. Nun holten sie die Schatten ihrer Kindheit ein. Vierzig Jahre später, an einem Frühlingstag im März.

Nach dem Abendessen setzte sie sich erneut an den Wohnzimmertisch und starrte auf den Briefumschlag. Im Hintergrund lief „Fernando" von Abba. Tanja drehte den Umschlag mit großen Augen in ihren Händen hin und her. Sie hatte Angst davor, dass dieser Brief ihre alten Wunden aufreißen könnte. Also legte sie ihn wieder weg, setzte sich aufs Sofa und zappte durch das TV-Programm. Aber das brachte sie nicht auf andere Gedanken.

Einem Impuls folgend stand sie auf, zog sich eine warme Jacke an und steckte den Brief ein. Sie nahm Billy, der freudig mit dem Schwanz wedelte, und ging aus dem Haus. Im Wald ließ sie ihn von der Leine, damit er herumtollen konnte. Der erdige Geruch des Waldbodens und das Zwitschern der Vögel wirkten beruhigend. Langsam fand Tanja wieder Boden unter den Füßen. Als der Weg an einer Sitzbank am Waldrand vorbeiführte, nahm sie Platz und blickte über das große Feld zur tief stehenden Sonne. Wieder nahm sie mit zittrigen Fingern den Brief aus dem Umschlag, fasste all ihren Mut zusammen und begann zu lesen.

Liebe Lisa,
du fehlst mir. Unsere kleine Tanja genauso.

Es bricht mir jeden Abend das Herz, wenn ich ihr keinen Gutenachtkuss geben kann. Es schnürt mir die Luft ab, wenn ich tagsüber Familien mit kleinen Kindern sehe. Ich würde alles dafür geben, euch hier zu haben. Alles.

Ich habe in Anchorage einen Job als Immobilienmakler gefunden und konnte bereits einige Objekte verkaufen. Mein Vorgesetzter ist sehr zufrieden mit meiner Arbeit. Am Abend und am Wochenende wandere oder angle ich oft. Die Wildnis beginnt hier sozusagen vor der Haustür. Bären, Elche, Adler und Lachse – alles, was mich nach Alaska gezogen hat, ist Teil meines Alltags.

Ich liebe dieses raue Land und denke, dass es dir auch so gehen würde. Keine Verkehrsstaus, keine Parkplatzsuche, keine Bürokratie. Alles ist so viel einfacher. Außerdem ist das Leben günstiger als in der Schweiz. Für den Preis einer Wohnungsmiete bekommen wir hier ein Haus in bester Lage. Den Gefrierschrank kann ich mit selbst gefangenem Lachs und gejagtem Wild füllen. Ein Schlaraffenland, Lisa.

Wir könnten die glückliche Familie sein, von der wir beide geträumt haben. Du warst einst Feuer und Flamme für Alaska.

Erinnerst du dich? Lange hast du mich in den Vorbereitungen unterstützt. Bis du unerwartet schwanger geworden bist.

Es tut weh, wenn du behauptest, es sei nur meine Idee gewesen. Auch deine unverrückbare Meinung, dass es für Tanja besser ist, in der Schweiz aufzuwachsen, kann ich nicht nachvollziehen. Die Kinder in Alaska sind mindestens genauso glücklich, Lisa! Werte wie „Eigenverantwortung", „gute Nachbarschaft" und im „Einklang mit der Natur leben" sind hier nicht nur leere Worthülsen.

Du hast mir nie versprochen, dein ganzes Leben in Alaska zu verbringen. Das stimmt. Aber noch am Tag unserer Hochzeit hast du mir zugesagt, dass wir es für ein Jahr versuchen und danach Bilanz ziehen. Warum gilt das alles nicht mehr?

Ich will und kann nicht mehr in das bürgerliche Leben zurück, das du für uns siehst. Den Bürojob in der Verwaltung habe ich nur angenommen, damit wir nach Tanjas Geburt ein Einkommen haben. Aber ich habe es jeden Morgen gehasst, auf die Arbeit zu gehen. Plötzlich war dir die Pflege des kleinen Rasens vor unserer Wohnung enorm wichtig. Vertikutieren und Düngen müsse man. Einen großen Sack Unkrautvertilger hast du gekauft. Blühen durfte auf dem Rasen nichts – keine einzige Wiesenblume. Sonst würden Bienen angezogen, und das wäre eine Gefahr für Tanja, wenn sie draußen spielt.

Dieses biedere, kleinbürgerliche Leben hat mich trotz aller Liebe zu dir und Tanja fast umgebracht. Ich konnte nicht mehr richtig atmen und fühlte nachts einen Druck auf meiner Brust. Es ging nicht. Ich hatte keine andere Wahl, als zu fliehen, sonst wäre ich zugrunde gegangen. Wie eine Pflanze, die am falschen Ort wächst. Dort, wo sie nicht hingehört.

Es tut mir leid, wenn ich kein anderer sein kann als der, der ich nun mal bin. Immer war. Ich habe dir nie etwas vorgemacht.

„Ist bei Ihnen alles in Ordnung?", fragte ein älterer Mann, der vorbeispazierte. Tanja wischte sich eine Träne aus den Augen und trocknete ihre Wangen mit dem Ärmel ihres Shirts. Dann lächelte sie den Mann an und erwiderte: „Ja, alles bestens. Danke für Ihre Aufmerksamkeit." Sie schaute ihm nach, bis er im Wald verschwunden war, atmete tief durch und las weiter.

Du hast mir vorgeworfen, dass ich ein Egoist sei. Mag sein, Lisa. Aber du hast auch einen Anteil an unseren Problemen. Nie hast du mir gesagt, was du dir für ein Leben mit mir vorstellst. Dann kam die unerwartete Schwangerschaft und du hast darauf beharrt, noch vor Tanjas Geburt zu heiraten. Ich habe zu allem eingewilligt, wenn auch mit einem flauen Gefühl. Aus Liebe zu dir und unserer ungeborenen Tochter. Und auch, weil ich an unseren gemeinsamen Traum geglaubt habe. Und der sah in jeder Hinsicht anders aus als die gelebte Realität der letzten beiden Jahre.

Ich bitte dich noch einmal, Lisa. Von ganzem Herzen. Gib unserer Familie hier in Anchorage eine Chance. Ein Jahr, so wie wir es abgemacht haben. Alles ist vorbereitet. Ich habe ein ausreichendes Einkommen und eine Wohnung, die für den Start groß genug ist. Danach könnten wir zusammen ein Haus in einem kinderfreundlichen Stadtteil suchen. Eines aus Holz, das Wärme und Geborgenheit ausstrahlt. Mit einem offenen Kamin für die langen Winterabende und einem großen Garten für dein Gemüse. Beenden wir den Streit. Lass uns zusammen den Neuanfang wagen!

DAN MILLMAN

Die Tankstelle
am Rainbow's End

„Jetzt fängt das Leben an", so dachte ich, als ich Mom und Dad „Goodbye" winkte und mich mit meiner alten Karre, Marke Valiant, in den Straßenverkehr stürzte. Hinten im Kofferraum und auf den Sitzen lagen die Siebensachen, die ich für mein erstes Collegejahr eingepackt hatte. Ich war gut aufgelegt, ich war frei und zu allem bereit.

Ich drehte das Radio auf, sang zur Musik und flog über die Autobahn nach Norden. Von Los Angeles ging es über die Grapevine und weiter über die Nationalstraße 99, vorbei an sattgrünen Feldern am Fuß der San Gabriel Mountains.

Es dämmerte schon, als ich die Serpentinen von den Oakland Hills hinunterrollte. Fantastisch, der Ausblick auf die Bucht von San Francisco. Immer aufgeregter wurde ich, je näher ich der Studentenstadt kam, dem Campus von Berkeley.

Mein Platz im Studentenheim war schnell gefunden. Ich packte meine Sachen aus, und dann stand ich staunend am Fenster und sah die Golden Gate und die funkelnden Lichter von San Francisco in der Ferne.

Zuerst aber hieß es, die nähere Umgebung erforschen. Fünf Minuten später schlenderte ich die Telegraph Avenue entlang, ich bestaunte die Schaufenster und schmeckte die herbe Luft Nordkaliforniens und all die verwirrenden Düfte, die aus kleinen Straßencafés herüberwehten. Ganz überwältigt wanderte ich bis Mitternacht hin und her auf romantischen Parkwegen des Uni-Campus.

Am nächsten Morgen, gleich nach dem Frühstück, schaute ich nur das Hannon-Gymnasium an, unser Sport-Institut, und die Turnhalle, wo ich von nun an trainieren würde. Jeden Tag in der Woche, sechs schweißtreibende, muskelzerrende, saltoschlagende Stunden lang! Mein Traum war, Weltmeister zu werden.

Schon am zweiten Tag fürchtete ich, in einer Flut von Studenten, Seminaren und Stundenplänen zu ertrinken. Aber ich schaffte es irgendwie. Und dann flossen die Monate dahin, im Wechsel der freundlichen Jahreszeiten in Kalifornien. Im Unterricht überlebte ich – in der Turnhalle aber *lebte ich*. *„Du bist der geborene Akrobat", hatte ein Freund mal zu mir gesagt. Äußerlich – ja: schmal und drahtig, die dunklen Haare ordentlich kurzgeschnitten. Und für gewagte Kunststückchen hatte ich schon als Kind etwas übrig. Es machte mir Spaß, die Angst in mir wachzukitzeln. Die Turnhalle war meine Zuflucht, mein Zuhause. Hier fand ich Spannung, Herausforderung und auch eine gewisse Zufriedenheit.*

Bevor mein zweites Studienjahr um war, flog ich nach Europa und vertrat den Kunstturner-Verband der USA bei internationalen Wettkämpfen. Ich wurde Weltmeister auf dem Trampolin. Meine Pokale und Trophäen stapelten sich in einer Ecke meines Zimmers. Mein Foto erschien regelmäßig in der Zeitung, und die Leute sprachen mich auf der Straße an. Auch Mädchen lachten mich an. Zum Beispiel Susie, die appetitliche, süße Freundin – mit ihrem kurzen blonden Haar und ihrem Zahnpasta-Reklamelächeln –, klopfte immer öfter an meine Tür. Sogar das Studium lief ziemlich glatt. Ich fühlte mich ganz obenauf.

Aber im Herbst 1966, im dritten Studienjahr, fiel ein geheimnisvoller dunkler Schatten auf mein Leben. Ich wohnte nicht mehr im Studentenheim, sondern allein in einer kleinen Studentenbude etwas abseits vom Haus meines Vermieters. Und ich litt zunehmend an einer Traurigkeit, die mich sogar inmitten all meiner Erfolge bedrückte. Dann fing es an mit diesen Albträumen. Schweißgebadet schrak ich fast jede Nacht mit einem Ruck aus dem Schlaf. Und fast immer war es derselbe Traum:

Ich wandere durch eine dunkle Straße. Hohe Häuser, ohne Fenster und Türen, ragen im düster wirbelnden Nebel empor.

Eine dürre Gestalt, schwarz vermummt, kommt mir entgegen. Ich spüre es mehr, als ich es sehe: ein grauenhaftes Gespenst, ein weißlich schimmernder Schädel mit schwarzen Augenhöhlen, die mich anstarren. Tödliches Schweigen. Ein weißer Knochenfinger deutet auf mich. Die Knochenhand krümmt sich zu einer Kralle, die mich heranwinkt. Ich fröstele.

Jetzt taucht ein weißhaariger Mann hinter dem Schreckgespenst auf. Sein Gesicht leuchtet friedlich, und es ist faltenlos glatt. Er geht mit lautlosen Schritten. Ich spüre, er ist meine einzige Hoffnung auf Rettung. Nur er hat die Macht, mich zu befreien, aber er sieht mich nicht. Und ich kann ihn nicht rufen.

Das schwarz verhüllte Totengerippe dreht sich um und geht auf den weißhaarigen Mann los. Er aber lacht ihm ins Gesicht. Ich stehe wie betäubt und kann nur zuschauen, wie der Tod den Mann zu packen versucht. Im nächsten Moment aber geht das Gespenst auf mich los. Doch der Mann packt es an seiner Kutte und schleudert es in die Luft.

Und plötzlich ist der Schnitter Tod verschwunden. Der Mann mit dem leuchtend weißen Haar sieht mich an und heißt mich mit ausgebreiteten Armen willkommen. Ich gehe zu ihm hin, ich gehe direkt in ihn hinein und verschmelze mit ihm. Als ich an mir hinunterschaue, sehe ich, dass ich eine schwarze Kutte anhabe. Ich hebe die Hände und sehe, dass es gebleichte weiße Knochen sind, zum Gebet gefaltet. Ich erwache – immer mit einem Schreckensschrei.

Eines Abends, es war Anfang Dezember, lag ich im Bett und lauschte dem Wind, der durch eine Fensterritze heulte. Ich konnte sowieso nicht schlafen, also stand ich auf, zog meine Levi's-Jeans und die Daunenjacke an und lief in die Nacht hinaus. Es war kurz nach drei Uhr.

Ziellos marschierte ich drauflos und atmete in tiefen Zügen die kalte Nachtluft ein. Ich schaute zum sternklaren Himmel hinauf und horchte auf die wenigen Geräusche in den nächtlichen Straßen. Ich hatte Hunger bekommen in der Kälte, darum beschloss ich, mir an einer Nachttankstelle ein paar Kekse und einen Drink zu holen. So lief ich, die Hände tief in die Taschen meiner Jacke vergraben, über den schlafenden Campus, bis ich in der Ferne die Lichter der Tankstelle sah: eine leuchtende Oase inmitten der toten Wüste von Stadtkneipen, Kinos und Kaufhäusern.

Als ich bei der Werkstatt neben der Tankstelle um die Ecke bog, stolperte ich beinah über einen Mann, der dort, mit dem Rücken zur Wand, im Schatten saß. Ich fuhr erschrocken zurück. Der Mann hatte eine rote Wollmütze auf, er trug graue Cordhosen, weiße Socken und offene Japan-Sandalen. Ich bezweifelte, ob seine leichte Windjacke ihm viel Schutz bot

gegen die Kälte. Das Thermometer an der Wand zeigte knapp über null Grad!

Ohne aufzublicken, sagte er mit einer volltönenden, beinah singenden Stimme: „Tut mir leid, dass ich dich erschreckt habe."

„Ach, schon gut. Hätten Sie vielleicht ein Soda, Pop?"

„Hier gibt es nur Fruchtsaft – und nenn mich nicht Pop!", sagte er. Und dann drehte er sich ganz zu mir um, lachte freundlich und nahm die Mütze ab. Er hatte volles weißes Haar – und er lachte!

Dieses Lachen! Wo hatte ich es schon mal gesehen? Ich starrte ihn fassungslos an. Ja – es war der alte Mann aus meinem Traum! Das weiße Haar, das klare, faltenlose Gesicht, ein großer, schlanker Mann von fünfzig, vielleicht sechzig Jahren. Und wie er lachte. Trotz meiner Verwirrung fand ich irgendwie die Tür mit der Aufschrift „Büro". Ich stieß sie auf, und mir war, als würde ich damit eine Tür zu neuen Dimensionen aufstoßen. Drinnen ließ ich mich zitternd auf ein altes Sofa fallen und fragte mich, woher dieses komische Gefühl kommen mochte? Was würde durch diese Tür in mein wohlgeordnetes Leben einbrechen? Ich schaute mich um in diesem Büro. Welch ein Unterschied zum üblichen, sterilen Durcheinander einer normalen Tankstelle. Das Sofa, auf dem ich saß, war mit einer verschlissenen, aber in bunten Farben leuchtenden mexikanischen Decke bezogen. Links neben dem Eingang, auf einem Regal, säuberlich geordnet, allerlei Nützliches für den Autofahrer: Landkarten, Sicherungen, Sonnenbrillen und dergleichen. Hinter einem kleinen Schreibtisch aus dunklem Nussbaum ein Stuhl, mit braunem Cord gepolstert. Ein Wasserspender neben der Tür mit dem Schildchen „Privat". Noch eine zweite Tür, die zur Werkstatt nebenan führte.

Auffallend war die freundliche Atmosphäre in diesem Raum. Der Fußboden war in seiner ganzen Breite mit einem hellgelben Veloursteppich bespannt. Die Wände waren frisch gekalkt. Ein paar schöne Landschaftsbilder sorgten für farbliche Akzente. Die Lampen verbreiteten sanftes Licht – ein willkommener Gegensatz zum Neongeflimmer draußen. Der ganze Raum vermittelte einen Eindruck von Wärme, Geborgenheit und Ordnung.

Wie hätte ich wissen können, dass er für mich ein Ort ungeahnter Abenteuer sein würde? Ein Ort voller Schrecken, Magie und Romantik. Damals dachte ich: Was hier nur noch fehlt, ist ein gemütlicher Kamin!

Inzwischen hatte ich mich beruhigt. Mein Atem ging wieder gleichmäßiger, und meine Gedanken wirbelten nicht mehr so im Kopf herum. Die Ähnlichkeit dieses Mannes mit dem Mann aus meinem Traum war doch rein zufällig!

Seufzend stand ich auf, zog den Reißverschluss meiner Jacke hoch und trat hinaus in die kühle Nacht. Er saß noch immer dort. Im Vorbeigehen sah ich ihm ins Gesicht – und da sprang etwas wie ein elektrischer Funke aus seinen Augen auf mich über. Diese Augen! Solche Augen hatte ich noch bei keinem Menschen gesehen. Sie schwammen in glitzernden Tränen, schien mir. Aber dann sah ich in diesem Glitzern den Abglanz der Sterne. So tief nahm sein Blick mich auf, dass mir war, als sei der ganze Sternenhimmel nur ein Widerschein seiner leuchtenden Augen. Ich blieb unwillkürlich stehen und verlor mich in diesem Blick – dem fragenden, vertrauensvollen Blick eines Kindes.

Ich weiß nicht, wie lange ich dort so stand. Vielleicht nur Sekunden, vielleicht Minuten, vielleicht länger. Plötzlich besann ich mich, wo ich war. „Gute Nacht", murmelte ich verlegen und wandte mich hastig zur Straße.

Auf dem Bürgersteig blieb ich instinktiv stehen. Es war so ein komisches Kitzeln im Nacken. Ich wusste, er beobachtete mich. Vorsichtig spähte ich über die Schulter. Keine fünfzehn Sekunden waren vergangen – aber er *stand dort oben auf dem Dach! Er hatte die Arme vor der Brust verschränkt und schaute zum Sternenhimmel hinauf.*

Fassungslos starrte ich den leeren Stuhl an, wo er eben noch gesessen hatte. Ich schaute hinauf, wo er stand. Es war unmöglich! Hätte ich zugeschaut, wie jemand an einem von Mäusen gezogenen Riesenkürbis ein Rad wechselt – es hätte mich weniger überrascht.

Ungläubig schaute ich, in der lautlosen Nacht, zu der schlanken Gestalt hinauf. Auch aus der Ferne war er eine respektgebietende Erscheinung. Die Sterne über mir klingelten wie vom Wind bewegte Glöckchen. Irgendwann drehte er den Kopf und sah mir direkt in die Augen. Er stand zwanzig Meter von mir entfernt, und doch glaubte ich seinen Atem an meinem Gesicht zu spüren. Mich schauderte – aber nicht vor Kälte. Jene Pforte, die aus der Wirklichkeit in die Träume führt, sprang wieder auf.

Ich starrte und staunte. „Ja?", sagte er. „Kann ich was für dich tun?"

Prophetische Worte!

„Entschuldigen Sie, aber ..."

„Du bist entschuldigt", lachte er. Ich spürte, dass ich rot wurde. Allmählich fand ich die ganze Sache ärgerlich. Der Kerl spielte sein Spiel mit mir – aber ich kannte die Spielregeln nicht.

„Also, gut. Wie sind Sie da aufs Dach gekommen?"

„Aufs Dach gekommen?", fragte er mit Unschuldsmiene.

„Ja doch. Wie sind Sie von diesem Stuhl" – ich deutete hin – „auf dieses Dach gekommen? Und zwar in knapp zwanzig Sekunden? Eben saßen Sie noch da, an die Wand gelehnt. Ich dreh mich um – und schon haben Sie ..."

„Junge, ich weiß ganz gut, was ich getan habe. Du brauchst es mir nicht zu erzählen. Die Frage ist nur, weißt auch du, was du getan hast?"

„Sicher weiß ich, was ich getan habe!" Ich hatte allmählich genug. War ich denn ein kleines Kind, dass er mich schulmeistern durfte? Andererseits wollte ich unbedingt wissen, wie der Alte dies Kunststück bewerkstelligt hatte. Darum beherrschte ich mich und fragte höflich: „Verraten Sie mir bitte, Sir, wie sind Sie auf dieses Dach gekommen?"

Er blickte schweigend auf mich herunter, bis mir ganz mulmig wurde. Endlich antwortete er: „Mit einer Leiter. Dort hinten, an der Wand." Er kümmerte sich nicht mehr um mich und betrachtete weiter die Sterne.

Ich lief schnell hinter die Werkstatt, und wirklich, da stand eine klapprige Leiter, schief an die Wand gelehnt. Doch die oberste Sprosse der Leiter war mindestens zwei Meter von der Dachkante entfernt. Und selbst *wenn* er sie benutzt hatte, was mir höchst zweifelhaft vorkam, blieb doch die Frage: Wie hatte er das in zwanzig Sekunden geschafft?

In der Dunkelheit landete etwas auf meiner Schulter. Ich wirbelte herum – und sah seine Hand. Irgendwie war er vom Dach heruntergekommen und hatte mich angesprungen. Nein, unmöglich! Es gab nur eine vernünftige Erklärung. Der Kerl musste einen Zwillingsbruder haben. Anscheinend machten die beiden Alten sich einen Spaß daraus, harmlosen Passanten einen Schreck einzujagen.

„Schön, Mister, wo ist Ihr Zwillingsbruder? *Mich können Sie nicht zum Narren halten.*"

Er verzog das Gesicht und lachte schallend. Na, ich hatte doch recht gehabt; hatte ihn bei seinem Schwindel ertappt. Doch als ich seine Antwort hörte, war ich gleich etwas weniger siegesgewiss.

„Und *wenn ich einen Zwillingsbruder hätte? Meinst du, ich wollte mit einem Narren – wie du sagst – meine Zeit vertrödeln?" Lachend verschwand er um die Ecke der Werkstatt. Mir klappte die Kinnlade herunter. So eine Frechheit!, dachte ich. Ich konnte es nicht fassen.*

Mit einem Sprung war ich bei ihm. Er ging unbekümmert in die Werkstatt und machte sich unter der Motorhaube eines zerbeulten grünen Ford-Lieferwagens zu schaffen. „Was?", schimpfte ich. „Ich bin ein Narr, sagen Sie?" Es klang streitlustiger, als ich wollte.

„Wir sind doch allesamt Narren", meinte er gutmütig. „Manche wissen es, und manche wissen es nicht. Du bist mir, so scheint's, einer von letzterer Sorte. Ach ja, gib mir mal den Schraubenschlüssel herüber."

Ich gab ihm seinen verflixten Schraubenschlüssel und wollte gehen. Zuvor aber musste ich es wissen: „Bitte, sagen Sie mir endlich, wie Sie in so kurzer Zeit auf das Dach gelangt sind? Es ist mir ein Rätsel."

Er gab mir den Schraubenschlüssel zurück. „Die Welt ist ein Rätsel. Ist doch egal, ob wir sie verstehen."

Er zeigte auf das Regal hinter mir. „Jetzt brauche ich den Hammer und den Schraubenzieher."

Ziemlich sauer schaute ich ihm bei der Arbeit zu. Ich überlegte, wie ich ihn dazu bringen konnte, mir seinen Trick zu verraten. Er aber hatte mich anscheinend ganz vergessen.

Ich gab es auf und wandte mich zur Tür. Da hörte ich hinter mir seine Stimme: „Bleib da." Es klang nicht wie eine Bitte, es klang nicht wie ein Befehl. Es war eine Feststellung. Ich schaute ihn an. Freundlich erwiderte er meinen Blick.

„Warum soll ich bleiben?", fragte ich.

„Ich könnte dir behilflich sein", meinte er wie nebenbei und schraubte mit geschickten Händen den Vergaser ab. Wie ein Chirurg bei einer Herztransplantation, dachte ich. Er stellte den Vergaser auf die Werkbank und sah mich aufmerksam an.

Trotzig starrte ich zu ihm hinüber.

„Hier", sagte er und drückte mir den Vergaser in die Hand. „Nimm das Ding auseinander. Die Teile kannst du zum Einweichen in den Kanister werfen. Das wird dich ablenken von unnützen Fragen."

Meine Wut löste sich in Lachen. Der alte Mann mochte mich beleidigen – aber irgendwie war er auch interessant. Ich beschloss, mich von meiner versöhnlichen Seite zu zeigen.

„Ich heiße Dan", sagte ich mit einem unaufrichtigen Lächeln und hielt ihm die Hand hin. „Und du?"

Er drückte mir den Schraubenzieher in die ausgestreckte Hand. „Der Name tut nichts zur Sache. Meiner nicht, und deiner auch nicht. Das Einzige, worauf es ankommt, ist, was hinter den Namen liegt, und hinter den Fragen. Ja, den Schrau-

benzieher wirst du brauchen, um den Vergaser auseinander-
zunehmen."

„Hinter den Fragen?", lachte ich. „Wie wär's zum Beispiel
mit dieser: Wie bist du auf das Dach geflogen?"

„Ich bin nicht geflogen", sagte er mit einem Pokergrinsen,
„ich bin gesprungen. Mach dir keine falschen Hoffnungen,
das hat nichts mit Zauberei zu tun. In deinem Fall aber könnte
Zauberei nötig werden – um einen Esel in ein Menschenwe-
sen zu verwandeln."

„Wer bist du eigentlich, verdammt, dass du glaubst, so mit
mir reden zu können?"

„Ich bin ein Krieger", fauchte er. „Und was ich sonst noch
bin, hängt davon ab, was du in mir sehen möchtest."

„Kannst du niemals eine klare Antwort auf eine klare Frage
geben?" Wütend bearbeitete ich den Vergaser.

„Los, stell mir eine klare Frage, ich will's versuchen", sagte er
mit Unschuldsmiene.

Mir glitt der Schraubenzieher aus, und ich schnitt mich in
den Finger. „Au, verdammt!", schrie ich und lief zum Wasch-
becken, um die Wunde auszuspülen. Socrates hielt mir ein
Pflaster hin.

„Also gut", sagte ich resigniert. „Hier ist eine klare Frage:
Wie glaubst du, könntest du mir behilflich sein?"

„Ich bin dir schon behilflich gewesen", sagte er und deutete
auf das Pflaster an meinem Finger.

Ich hatte genug. „Tut mir leid", sagte ich. „Ich kann nicht
meine ganze Zeit bei dir vertrödeln. Ich brauche meinen
Schlaf."

Ich schob den Vergaser beiseite und wandte mich zur Tür.

„Woher weißt du, dass du nicht schon dein ganzes Leben

verschlafen hast? Woher weißt du, dass du nicht auch jetzt schläfst, in diesem Moment?" Er sprach mit seltsamem Nachdruck in der Stimme.

„Ach, ist mir egal", sagte ich. Ich war zu müde, um mich mit ihm zu streiten. „Nur eines will ich wissen, bevor ich gehe. Verrätst du mir, wie du dieses Kunststück fertiggebracht hast?"

Ganz freundlich auf einmal, kam er herüber, nahm meine Hand und sagte: „Morgen, Dan, morgen." Er lächelte warm. Meine Unsicherheit und meine Wut waren wie weggewischt Ich spürte ein heißes Prickeln in der Hand, auch im Arm und am ganzen Körper. „Hat mich gefreut, dich wiederzusehen", fügte er noch hinzu.

„Halt – was sagst du da? Du hättest mich wiedergesehen?", platzte ich heraus. Aber ich besann mich. „Gut, ich weiß schon, morgen. Also bis morgen." Wir mussten beide lachen.

Schon in der Tür, schaute ich mich noch einmal um und sagte: „Goodbye, *Socrates!*"

Er blickte verwundert auf, dann zuckte er die Schultern. Anscheinend gefiel ihm der Name. Ich sagte nichts mehr und ging.

Die Acht-Uhr-Vorlesung am nächsten Morgen verschlief ich. Aber beim Training am Nachmittag, in der Halle, war ich wieder hellwach.

Zum Aufwärmen jagte uns Hal, unser Trainer, die Tribünen hinauf und hinunter, und dann lagen Rick und Sid und ich und die anderen Kameraden aus unserer Mannschaft schwitzend und schnaufend auf der Bodenmatte und dehnten unsere Bein-, Schulter- und Rückenmuskeln. Sonst war ich immer ziemlich schweigsam bei diesem täglichen Ritual, aber jetzt brannte ich darauf, mein seltsames Abenteuer loszuwerden: „Gestern Abend hab ich einen merkwürdigen Typ getroffen, an einer Tankstelle ...“

Mehr brachte ich nicht heraus. Meine Freunde interessierten sich auch anscheinend mehr für ihren Muskelkater als für meine Storys.

Noch mal ein kurzes Aufwärmtraining – Handstand, Rumpfbeugen, Beinegrätschen –, und dann ging es an die Geräte. Wenn ich in hohem Sprung über den Bock flog, wenn ich bei der Riesenwelle um die Reckstange rotierte, wenn ich mich am Barren in den Handstand drückte oder eine neue, muskelzerrende Übung an den Ringen probte – immer wieder konnte ich nur staunen über das Bravourstück jenes geheimnisvollen Alten, den ich „Socrates“ getauft hatte. Er war mir unheimlich, aber andererseits musste ich mir Klarheit verschaffen über den rätselhaften Mann!

Ich schlang mein Abendessen hinunter, überflog noch schnell ein paar Seiten Geschichte und Psychologie, schrieb einen flüchtigen Entwurf für einen Englischaufsatz und schlug die Wohnungstür hinter mir zu. Es war mittlerweile elf Uhr abends – und da war auch schon die Tankstelle. Aber jetzt kamen mir Zweifel. Ob er mich wirklich sehen wollte? Und wie konnte ich ihn überzeugen, dass ich kein Esel war und kein Narr, sondern ein ziemlich intelligenter Mensch?

Jetzt hatte er mich gesehen. Er hielt mir die Tür auf und winkte mich in sein Büro. „Aber, sei so gut, und zieh die Schuhe aus – eine alte Gewohnheit von mir.“

Ich setzte mich auf das Sofa und stellte die Schuhe griffbereit neben mich, für den Fall, dass ein hastiger Rückzug notwendig werden würde. Ich traute dem geheimnisvollen Fremden noch nicht ganz.

Draußen fing es an zu regnen. Die Wärme, die bunten Farben hier im Büro, all dies war ein freundlicher Gegensatz zu der dunklen, wolkenverhangenen Nacht dort draußen. Meine Angst war verschwunden. Ich machte es mir auf dem Sofa bequem und sagte: „Mir scheint, Socrates, als hätte ich dich schon mal gesehen."

„Ja, das hast du", sagte er.

Und wieder sprang diese Tür in meinem Inneren auf, wo Traum und Wirklichkeit in eins verschmelzen.

„Jetzt weiß ich es, Socrates!", rief ich. „Ich hatte immer wieder einen Traum, und du kamst darin vor."

Ich schaute gespannt zu ihm hinüber, aber sein Gesicht verriet keine Regung. „Weißt du, ich komme in den Träumen vieler Menschen vor. Du übrigens auch. Also gut, erzähle mir deinen Traum."

Sein freundliches Lächeln machte mir Mut.

Und so erzählte ich ihm von meinem Albtraum – mit allen Einzelheiten, an die ich mich erinnern konnte. Und als ich erzählte, als die Schreckensbilder wieder lebendig wurden, da wurde es dunkel um mich her, und die vertraute Welt versank.

Als ich fertig war, meinte er nur: „Ja, Dan, das ist ein guter Traum." Ich hätte gerne gewusst, was er damit meinte, aber die Tankstellenglocke läutete, und draußen wartete ein Kunde auf Benzin.

Socrates zog seinen Regenponcho an und ging hinaus. Ich stand am Fenster und schaute ihm zu. Es war viel Betrieb an diesem Abend – kein Wunder, am Freitagabend! Die Autos rasten die Straße entlang, ein Kunde nach dem anderen kam zum Tanken. Ich wollte nicht untätig herumsitzen, darum ging ich hinaus, um ihm bei der Arbeit zu helfen. Er schien mich aber nicht zu bemerken.

Eine endlose Autoschlange begrüßte mich: Kabrios und Limousinen, zweifarbige, rote und grüne, Lastwagen und teure Sportwagen aus Europa. Die Fahrer waren so verschieden wie ihre Autos. Kaum einer schien Socrates zu kennen, aber viele drehten sich nach ihm um, als ob sie etwas Besonderes an ihm bemerkten, auffällig, aber unerklärlich.

Etliche waren in Partystimmung. Sie ließen ihr Radio dröhnen, während wir sie bedienten. Socrates störte das alles nicht. Er lachte und plauderte mit den Leuten. Andere waren schlechter Laune und gaben sich besondere Mühe, unfreundlich zu sein. Aber jeden behandelte er mit derselben Höflichkeit, als ob er sein persönlicher Gast wäre.

Nach Mitternacht wurde es ruhiger, und nur hin und wieder kam noch ein Kunde vorgefahren. Die kühle Nacht schien unnatürlich still nach dieser Hektik und dem Lärm. Als wir ins Büro zurückgingen, dankte Socrates mir für meine Hilfe.

„Ach, gern geschehen", wehrte ich ab, aber es freute mich doch, dass er es bemerkt hatte. Es war lange her, seit ich jemandem geholfen hatte.

Zurück in dem freundlichen, warmen Raum, kamen auch meine Zweifel wieder. „Socrates, ich hätte ein paar Fragen."

Er hob stumm die Hände, wie zum Gebet gefaltet, und schickte einen flehenden Blick zur Decke, als hoffte er auf göttlichen Beistand – oder göttliche Geduld.

„Was für Fragen?", seufzte er.

„Also", fing ich an, „erst mal möchte ich wissen, wie du auf dieses Dach gesprungen bist Und wieso hast du gesagt, du freutest dich, mich *wiederzusehen? Außerdem möchte ich wissen, was ich für dich tun kann? Und wieso kannst du mir behilflich sein? Vor allem möchte ich wissen: Wie alt bist du?*"

„Viele Fragen auf einmal", lachte er. „Aber fangen wir mit der leichtesten an. Ich bin sechsundneunzig – nach deiner Zeitrechnung."

Unsinn!, dachte ich. Er konnte niemals sechsundneunzig Jahre alt sein. Vielleicht sechsundfünfzig, höchstens sechsundsechzig. Sechsundsiebzig? Möglich, aber sehr unwahrscheinlich. Aber sechsundneunzig? Er schwindelte mich an! Aber warum sollte er schwindeln?

Und er hatte schon wieder solch eine rätselhafte Bemerkung gemacht; es ließ mir keine Ruhe.

„Wie hast du das gemeint, Socrates – nach meiner Zeitrechnung? Lebst du vielleicht, hier an der Westküste, nach der New Yorker Normalzeit?", witzelte ich. „Oder kommst du vielleicht gar aus dem Weltraum?"

„Kommen wir nicht alle von dort?", antwortete er ganz ernsthaft. Inzwischen war ich so weit, dass mich nichts mehr wunderte.

„Du hast mir noch immer nicht gesagt, wie wir uns gegenseitig behilflich sein können."

„Sehr einfach", sagte er. „Ich hätte ganz gerne noch ein letztes Mal einen Schüler. Und du – das sieht doch jeder – brauchst dringend einen Lehrer."

„Oh, Lehrer habe ich genug", protestierte ich ein wenig vorschnell.

„Wirklich?", er sah mich an. „Aber ob du den richtigen Lehrer hast oder nicht, das hängt davon ab, was du lernen willst."

Er stand auf und ging zur Tür. „Komm. Ich will dir etwas zeigen."

Wir gingen hinüber zur Straßenecke, wo wir das menschenleere Geschäftsviertel sahen, und dahinter den Glanz der Lichter von San Francisco.

„Die ganze Welt", sagte er, mit einer Handbewegung den Horizont umfassend, „ist eine Schule, Dan. Das Leben ist der einzige wirkliche Lehrer. Es bietet uns so viele Erfahrungen! Und wenn es nur auf die Erfahrung ankäme, um den Menschen Weisheit und Glück zu schenken, dann müsste jeder alte Mensch ein erleuchteter Meister sein, weise und glücklich.

Aber die Lehren, die wir aus der Erfahrung ziehen könnten, sind meistens versteckt. *Ich* kann dir helfen, die Welt klarer zu sehen und sie zu erfahren. Klarheit – das ist's, was du dringend brauchst. Dein Gefühl sagt dir, dass es sich so verhält. Dein Verstand aber lehnt sich auf dagegen. Gewiss, du hast manches erfahren, aber du hast wenig daraus gelernt."

„Ich weiß nicht recht, Socrates. Ich möchte nicht so weit gehen, dies zu behaupten."

„Nein, Dan. Du weißt es noch nicht, aber du wirst es wissen. Du wirst so weit gehen, und viel weiter. Das verspreche ich dir."

HANS FALLADA

Ruhe, jetzt wird gearbeitet!

Ein paar Tage gehe ich noch still umher. In meinem Kopf wiederholt sich mit hartnäckiger Regelmäßigkeit ein ganz bestimmter Satz, der erste Satz meines neuen Romans. Wenn ich mit dem Hund spazieren gehe oder wenn das Licht gelöscht ist, im Einschlafen oder mitten in unserer fröhlichen Tischrunde überfällt es mich, und ich fange an, die erste Szene aufzubauen. In der großen Linie weiß ich längst, wie der neue Roman laufen wird, aber nun arbeitet mein Kopf an dem ersten Kapitel, was der sagen wird, wie jene Person einzuführen ist. Mein Kopf ist hartnäckig, unerbittlich kaut er den Stoff des ersten Kapitels immer wieder durch.

Ärgerlich sage ich zu ihm: „Ja, ja, das weiß ich nun schon, mein Lieber! Denk doch mal über das zweite Kapitel nach!"

Aber das will er nicht. Er will sich jetzt nur mit dem ersten Kapitel beschäftigen; bis das niedergeschrieben ist, weigert er sich, über das zweite nachzudenken. Also muss ich mich zur Niederschrift des ersten entschließen.

Ich nehme all meinen Mut zusammen, ich benutze einen Augenblick, da ich mit Suse allein bin, und sage zu ihr: „Du, Suse, ich glaube, ich fange wieder mit Arbeiten an ..."

„O Gott, Junge!", ruft sie und schaut mich erschrocken an. „Schon wieder? Und du hast mir fest versprochen, diesmal mindestens ein Vierteljahr Pause zu machen! Du warst das letzte Mal völlig erledigt, als du fertig warst!"

„Ja, ich weiß", gebe ich schuldbewusst zu. „Diesmal wollte ich auch bestimmt gründlich ausruhen. Aber die Sache ist die, dass mein Kopf plötzlich wieder zu arbeiten angefangen hat, ich wollte es wirklich nicht. Und nun predigt er mir ewig den gleichen Text vor, und wenn ich ihn jetzt nicht niederschreibe, so wird er abgestanden und verbraucht, und ich habe ihn für ewig verloren."

„So lass ihn verloren gehen!", ruft Suse. „Dir fällt immer wieder etwas Neues ein. Du musst dich wirklich einmal gründlich ausruhen. Du machst eigentlich überhaupt keine Pause mehr zwischen deinen Arbeiten!"

„Suse", sage ich vorwurfsvoll, „sage doch bloß so was nicht! Ich habe jetzt volle drei Wochen pausiert. In diesen drei Wochen habe ich alles aufgearbeitet, was liegen geblieben war. Ich habe sämtliche Rohbilanzen gemacht, die Kasse stimmt auf den Pfennig. Ich habe die Bücher neu geordnet, und das Bücherverzeichnis ist auf dem Laufenden, auch das Schallplattenverzeichnis. Alle Fotos sind eingeklebt, alle Schränke geordnet. Ich habe den Schalter in deinem Zimmer repariert und aus der Senkgrube den silbernen Löffel gefischt, den Achim reingeworfen hatte. Meine Bienen sind versorgt, ich habe sogar schon den Bestellplan für das nächste Jahr gemacht und den Kunstdüngerbedarf ausgerechnet. Meine Briefmappe ist völlig leer, ich weiß keinen Menschen mehr, an den ich schreiben könnte. Suse", sage ich bittend, „ich komme mir ohne Arbeit wie der überflüssigste Mensch von der Welt vor, ich muss wieder arbeiten!"

„Aber ruhe dich doch einmal richtig aus! Lege dich doch im Liegestuhl in die Sonne und lies ein Buch. Bade. Geh mit den Kindern spazieren. Nimm richtig einmal Urlaub, wie es jeder vernünftige Mensch tut."

„Aber da ist dieser Stoff, den ich im Kopf habe", widerspreche ich hartnäckig. „Es ist ein hübscher kleiner Stoff, ich möchte ihn nicht gerne verlieren."

„Du wirst ihn schon nicht verlieren!", ruft Suse wieder. „Wenn du es hier nicht aushalten kannst, so geh ein bisschen auf Reisen. Deine Mutter schreibt schon so lange, warum du gar nicht kommst? Zwei Jahre bist du jetzt nicht bei ihr gewesen!"

„Ach, Reisen!", sage ich. „Du weißt, ich vertrage das Reisen nicht, ich kann nicht unter so vielen Menschen sein. Und dann das ewige Reden ... Nein, am wohlsten fühle ich mich hier in meiner Höhle. Ich möchte mit Arbeiten anfangen."

„Ja", sagt Suse bitter. „Das möchtest du. Und ich weiß ja auch, alles Reden nützt nichts, wenn du dir das erst einmal in den Kopf gesetzt hast. Aber wenn du fertig bist, klappst du wieder zusammen, und ich kann dich als halbe Leiche in ein Sanatorium schaffen –!"

„Diesmal klappe ich bestimmt nicht zusammen!", sage ich siegesgewiss. „Diesmal wird es ja nur ein Romänchen, dreihundertfünfzig, höchstens vierhundert Druckseiten. Ich habe gedacht, Suse", fahre ich überredend fort, „ich setze mein Tagespensum auf sechs Druckseiten fest. Dann kann ich vormittags noch mit dem Hund spazieren gehen und habe den Nachmittag für allen Kleinkram frei. Das ist doch wirklich ein bequemer Arbeitsplan!"

„Das von den sechs Druckseiten täglich", sagt Suse, „das habe ich nun schon bei jedem Roman von dir gehört, und nie hast du es eingehalten. Zum Schluss schreibst du dann doch wieder zwanzig oder gar fünfundzwanzig und schläfst überhaupt nicht mehr!"

„Aber, Suse", lächle ich überlegen. „Das kann bei diesem Romänlein nun wirklich nicht passieren. Wenn ich zwanzig Druckseiten am Tage schreiben wollte, so wäre ich in vierzehn Tagen mit dem ganzen Buch durch. So was tue selbst ich nicht!"

„Ach, red du!", meint Suse ärgerlich. „Aber wem nicht zu raten ist, dem ist auch nicht zu helfen! Wann willst du denn anfangen?"

„Ich habe gedacht, morgen ..."

„Und in welchem Zimmer willst du diesmal arbeiten?"

„Ich nehme das Balkonzimmer. Es ist doch am ruhigsten. Man hört dort nichts vom Hof und von der Küche."

„Aber wenn jemand im Garten ist, wirst du gestört."

„Das wird ja diesmal alles gar nicht so schlimm. Sechs Seiten Tagespensum, das ist doch nur ein Klacks für mich. Ich bin augenblicklich auch gar nicht sehr geräuschempfindlich und schlafe für meine Verhältnisse ganz gut."

„Also schön", ergibt sich Suse. „Dann werde ich allen im Haus Bescheid sagen, dass du von morgen an arbeitest. Die werden sich aber freuen –!"

Erleichterten Herzens begebe ich mich in mein künftiges Arbeitsgemach hinauf und fange an, mich einzurichten. Die Aussprache mit Suse liegt hinter mir, sie ist einverstanden, dass ich wieder arbeite. Gottlob, dass dies Schwerste erledigt ist!

Ich glaube alles, was ich ihr gesagt habe, von den sechs Seiten täglich, von dem Romänchen, von der geringen Geräuschempfindlichkeit, von dem guten Schlaf. Das alles ist im besten Glauben gesagt, ich habe nicht geschwindelt. Ich fühle mich wirklich frisch und arbeitslustig.

[...] Aber im geheimsten Innern weiß ich, dass vielleicht alles anders kommen wird.

Aber davon wird noch zu reden sein, jetzt habe ich noch gar nicht begonnen zu arbeiten, ich bin noch bei den Vorbereitungen. Ich sagte nur, dass ich meine Versprechungen der Suse im besten Glauben gegeben habe. Was ich nun aber tue, da ist vielleicht schon eine Spur von Selbstbetrug dabei. Ich suche das Papier aus, auf dem ich diesen Roman schreiben werde. Es gibt vielerlei Schreibpapier, aber man kann es in zwei große Klassen teilen: in liniiertes Papier und in unliniiertes. Aus irgendwelchen unerfindlichen Gründen will ich diesen Roman durchaus auf liniiertes Papier schreiben, und nun wühle ich in meinen Papiervorräten herum. Ich habe da ein ganz hübsches Papier, leicht gelblich, was meinen überanstrengten Augen guttut, und noch Quart, nicht dieses Din, wo rein gar nichts auf die Seite geht.

Aber die Linien stehen verdammt weit auseinander, sechs solche Seiten am Tage vollschreiben, das ist einfach lächerlich! Zu so was braucht man sich gar nicht erst hinzusetzen! Schließlich finde ich ein Papier, das enger liniiert aussieht. Ich zähle die Zeilen nach. Wahrhaftig, es sind sechs Zeilen mehr darauf, das bedeutet, dass mein Tagespensum auf diesen Seiten ein ganzes Fünftel größer ist als auf dem anderen Papier.

Die Stunden, da ich alles für die neue Romanarbeit vorbereite, gehören zu den glücklichsten meines Lebens.

MONIKA HUNNIUS

Mein Weg zur Kunst

Ich glaube, ich muss sieben Jahre alt gewesen sein, als ich die ersten richtigen Klavierstunden bekam. Meine Lehrerin hieß Kathi, war eine Freundin unseres Hauses und wurde von uns heiß geliebt. Aber es war merkwürdig: Gleich in der ersten Stunde veränderte sie sich und wurde für mich ein ganz neuer und schrecklicher Mensch. Sie sprach mit einer fremden Stimme und verlangte Dinge von mir, die ich nicht begriff. Ich sollte „üben" und wusste nicht wie. Nach einigen angstvollen Versuchen meinerseits, zu ergründen, was sie eigentlich von mir wolle, versteinerte ich mich innerlich und tat nichts.

Ich war als Kind nicht leicht zu erziehen; fand man den Schlüssel zu mir, so konnte man mich mit einem Blick leiten, fand man ihn nicht, so konnte man nichts mit mir beginnen. Meine einst so sehr geliebte Kathi fand den Schlüssel nicht, und ich begrub sehr schnell meine Liebe zu ihr in meinem kleinen Herzen, sie verwandelte sich in Furcht und Widerstand. Wie und was ich üben sollte, blieb mir immer ein dunkles Geheimnis. Mein Übungsklavier stand im oberen Stock in einem Zimmer, das von einer Witwe, Frau Tamissar, und deren fünf Kindern bewohnt wurde. Mein Vater, der damals schwer krank war, durfte keinen Ton hören, und meine Mutter hatte keine Zeit, mich zu beaufsichtigen. Ich musste um eine bestimmte Stunde ans Klavier gehen; was ich da tat, war meine Sache. Es ging hoch dabei her. Bei meinem Erscheinen umringte mich sofort die Familie Tamissar voll glühender Bewunderung. Ich dachte keinen Augenblick daran, Wohlfahrts „Klavierschule" aufzuschlagen, die nur unfassliche schwarze Punkte enthielt, die sinnlos auf Linien umherkletterten. Ich erging mich in freien Fantasien, und manchmal sang ich sogar dazu. Ob Gesang und Begleitung miteinander übereinstimmten, weiß ich nicht, glaube es aber keinesfalls. Doch die uneingeschränkte Anerkennung, die ich genoss, erhob mich über mich selbst.

Schrecklich aber war's, wenn der Tag der Klavierstunde nahte. Alles ging so weit gut, bis ich vor der kleinen, eisenbeschlagenen Tür stand, die zur Hintertreppe von Kathis Wohnung führte. Sie erschien mir wie die Tür zur ewigen Verdammnis. Mein Gewissen schrie laut in mir, bis dahin hatte es in festem Schlaf geruht. Langsam stieg ich die Treppe empor, mit wilder Angst nach einer Erinnerung suchend, ob ich nicht wenigstens einmal den Wohlfahrt aufgeschlagen und meine Aufgabe geübt hätte. Aber unerbittlich stand die Wahrheit vor mir, ich hatte es kein einziges Mal getan.

Kathis erste mit strenger Stimme gestellte Frage lautete: „Hast du geübt?"

„Nein", stieß ich hervor, und meine Tränen begannen zu fließen.

Nun kam die Schelte. Ich weinte nicht mehr, ich schrie in meiner Angst laut, sodass Kathi die Türen schloss, damit mein Gebrüll nicht ihre Familie erschreckte. Und dann kamen wieder Erklärungen, die ich nicht begriff, und das wilde Auflehnen in mir gegen die fürchterliche Musik, die hier so ganz anders war, als wenn ich zu Hause das „Sehnsuchtslied der Peri" sang oder wenn wir im Dämmern mit Mutter geistliche Volkslieder anstimmten.

Ich konnte mir das gar nicht zusammenreimen – es musste eben zwei Arten von Musik geben: eine, die man konnte und die in einem lebte, schön und vertraut, die einem die Seele weitete und mit Schauern der Wonne erfüllte, und eine, die man nicht konnte, die fremd und schrecklich war, die man lernen sollte und nicht lernen konnte, die von außen auf einen eindrang und sich nie mit der Musik, die in einem lebte, verband.

Ich glaube, die Pädagogik meiner Kinderjahre bestand vor allem in Schelten und Strenge, und eine Hauptsache war die, dass die Lehrer sich so fern wie möglich von ihren Schülern stellten.

Man musste als Lehrer unbedingt gefürchtete Respektsperson sein. Wenn das Wesen der Erziehung – auch der musikalischen – hauptsächlich darin bestehen soll, dem Schüler die Wege zu seinem eigenen Ich zu bahnen, so ahnte meine Lehrerin davon wohl nichts. Mein kleines, verschüchtertes Ich und die Musik, die ich lernen sollte, stellten sich wie zwei Feinde gegeneinander. Und doch war meine ganze Seele erfüllt von Musik, ich fand nur die bewusste Verbindung mit ihr nicht, und so wurde sie mein Feind.

Noch sehe ich das Zimmer, in dem ich Stunden hatte, mit seinen Glasmalereien an den Fenstern,

mit seinen beiden großen Flügeln und den Violinpulten und -kästen, mit seiner Atmosphäre von Schelten und dunklem, angstvollem Widerstreben. Aber seltsamerweise wirkte dies alles nicht so auf mich, dass ich zu begreifen und zu üben versuchte. Ich muss wirklich ein großes Stück Leichtsinn in mir gehabt haben, dass ich alle diese Schrecken immer wieder so schnell vergessen konnte. Mein Gewissen schwieg und erwachte nur, wenn ich vor der eisenbeschlagenen Tür stand, die zu meiner Folterkammer führte. Außerdem erschien mir die Sache derartig hoffnungslos, dass ich mich gar nicht viel um sie mühte.

So ging es eine Weile, bis Kathi erklärte, ich sei so verstockt und faul, dass sie mit mir nichts anfangen könnte. Ich wurde von meiner Mutter sehr streng vermahnt, versprach mich zu bessern, obgleich ich es mir nicht vorstellen konnte, wie ich es machen sollte, und wurde dann zu Frau Rödder gebracht, der Frau unseres Stadtorganisten. Sie war eine runde, lustige Frau mit einer hellen, freundlichen Stimme, die mit einem Schlage meine ganze widerspenstige und leichtsinnige Seele in ihre Hand bekam. Ich begriff plötzlich alles. Der Musik, die ich lernen sollte, antwortete die Musik in meiner Seele. Jede Stunde brachte neue Offenbarungen. In ihre Zimmer voll Sonne und Blumen kam ich mit frohem Herzen. Das feste Zutrauen dieser liebevollen, warmen Seele zu allem, was gut in mir war, öffnete mein Herz weit. Ich liebte sie und hätte sie nicht enttäuschen können. Ich machte plötzlich große Fortschritte, denn sie lehrte mich, wie ich zu Hause üben musste, und ich übte nun mit Freuden. Und wenn ich meine kleinen Musikstücke auswendig und fehlerlos in der Stunde vorgespielt hatte, dann rief sie mit heller Stimme nach Mann und Söhnen:

„Kommt und hört, wie die kleine Mona spielt!"

Und sie kamen und mussten sich als richtige Zuhörer hinsetzen. Stolz und selig saß ich da mit meinen spiegelblank geflochtenen Zöpfen, mit baumelnden Beinchen auf dem hohen Klavierstuhl, zählte laut und spielte der aufhorchenden Familie meine kleinen Stücke vor. Ja, das war wohl etwas ganz anderes als die Erfolge bei der Familie Tamissar. War es besonders gut gegangen, durfte ich vorsingen: „Die Katz sitzt auf der Mauer" und „Wenn die Schwalben heimwärts ziehn". Das Letztere sang ich mit besonderem Entzücken und großer innerer Bewegung. Frau Rödder, die mich begleitete, strich mir dann liebevoll übers Haar. Einmal sah ich zu meinem großen Erstaunen, dass sie dabei Tränen in den Augen hatte.

„Kind, aus dir wird noch was", sagte sie, und mir war's, als wüchsen mir Flügel.

Ich erlebte noch eine große musikalische Ehrung vor meiner Abreise [nach Riga]. Ich durfte vor der ganzen Schule in der letzten Gesangstunde ein Abschiedslied singen. Unser alter Gesanglehrer begleitete mich. Ich hatte mein Lied selbst gewählt und sang „Wenn die Schwalben heimwärts ziehn". Ich war begeistert und sang, so laut ich irgend konnte, ohne Scheu alle Verse, ich schenkte meinen Zuhörern nichts. Beim letzten Vers:

„O armes Herz, was trauerst du.

Du auch gehst dereinst zur Ruh!"

fühlte ich, wie Tränen der Seligkeit in meine Augen traten, denn meine Stimme klang hell und schwingend durch den großen Raum.

Als ich geendet hatte, stand mein alter Lehrer auf und legte die Hände segnend auf mein kleines Haupt: „Gott segne deine Silberstimme", sagte er bewegt, „gebrauche sie zur Ehre Gottes und zur Freude der Menschen."

Stolz und beseligt ging ich heim.

GABRIELE LIESENFELD

Das Schicksal
in Person

Wenn man nichtsahnend wie üblich vom Leben genervt ist und dann plötzlich von einem wolkenweichen Dutt aus der Bahn geworfen wird.

Sie war viel zu warm angezogen. Nicht einmal das konnte sie richtig machen. Ärgerlich riss Pia sich die Mütze vom Kopf und stopfte sie in ihre Manteltasche. Sie pfiff nach Herkules, der mal wieder auf der Suche nach Abenteuern im Wald verschwunden war. Während sie weiterstapfte und sich dabei suchend nach dem kleinen Terrier umsah, entdeckte sie unter einer großen Eiche eine blaue Bank. Es war eine hübsche Holzbank. Ein wenig altmodisch wirkte sie, mit den gedrechselten Füßen und dem geschnitzten Blattwerk auf den Armlehnen. Aber das Himmelblau war frisch und hell, so als wäre das Bänkchen gerade eben erst gestrichen worden. Diese Bank war gestern definitiv noch nicht hier gewesen, als sie mit Herkules ihre tägliche Gassi Runde gedreht hatte.

Pia zuckte mit den Schultern, steuerte auf den willkommenen Sitzplatz zu und ließ sich mit einem tiefen Seufzer darauf nieder. Sie konnte ebenso gut hier auf Herkules warten, der sicher noch eine Weile mit den interessanten Gerüchen im Wald beschäftigt war.

Hier am Waldrand hatte sie einen wunderbaren Ausblick auf die Wiesen und den kleinen Bach, an dessen Rand sich frisches Grün zeigte. Pia strich sich das dunkle Haar aus dem Gesicht, knöpfte ihren Mantel auf und blinzelte in die Sonne. Wer auch immer auf die Idee gekommen war, genau hier eine Bank hinzustellen, dem schickte sie in Gedanken ein kleines Dankeschön.

Tief durchatmen, befahl sie sich selbst. Es ist alles o. k. Du bist gar nicht so übel, wie du denkst. Schau dir lieber an, wie schön es hier ist, und freu dich, dass dir jemand hier eine Bank hingestellt hat.

Pia versuchte, sich zu entspannen. Es fiel ihr schwer, tief zu atmen. Sie spürte eine innere Unruhe, die in letzter Zeit immer schlimmer geworden war. So als müsste sie etwas tun, ohne zu wissen, was sie tun sollte. Wieder bemühte sie sich, tief durchzuatmen.

Ich kann mich nicht mal entspannen. Nichts kann ich. Ich bin einfach unfähig, dachte sie missmutig. Pia war unzufrieden mit sich selbst, mit ihrem Job in der Teestube, mit ihrem nicht vorhandenen Liebesleben, mit ihrer Unfähigkeit, sich gegen die Vorwürfe ihrer Eltern zu behaupten, und mit ihrem ganzen Leben, das von Tag zu Tag ereignisloser, langweiliger und frustrierender wurde. Nichts schien sich jemals zu verändern, nichts geschah, nichts schien mehr Freude zu machen. Pia hatte das Gefühl, als würde sie ständig nach einem Schlüssel suchen, über den alle anderen offenbar verfügten und der zu einer Tür passte, von der sie selbst noch nicht wusste, was dahinterliegen sollte.

Es war zwecklos. Pia spürte das bekannte Kribbeln im Bauch, das sich immer dann einstellte, wenn sie sich zu konzentrieren versuchte. Sie stand auf und sah sich nach Herkules um. Dann lief sie ein paar Schritte auf dem Waldweg entlang, pfiff nach ihrem Hund und lauschte. Nichts zu hören, nichts zu sehen. Es blieb ihr nichts anderes übrig, als weiter zu warten. Irgendwann würde Herkules schon wieder auftauchen und immerhin konnte sie auf der Bank sitzen, statt albern herumzustehen. Sie drehte sich um und erstarrte.

Auf Pias himmelblauer Bank saß ein himmelblaues Fräulein. Zumindest ihr Kleid schien farblich mit der Holzbank zu verschmelzen. Das Fräulein selbst war rosig und weiß. Sie saß da, gelassenen Blicks und mit geradem Rücken. Ihr fedrig feines weißes Haar war zu einem flaumigen Dutt hochgesteckt, der an ein Wölkchen erinnerte, das sich absichtsvoll auf dem Kopf der alten Dame niedergelassen hatte, um der irdischen Welt ein wenig näher zu sein. Und zu ihren Füßen saß Herkules und hechelte begeistert.

„Oh!" Pia starrte auf das friedliche Bild, das der braun-weiße Terrier und das himmelblaue Fräulein abgaben. „Ich habe Sie gar nicht kommen sehen", stammelte Pia verwirrt und strich sich nervös übers Haar, während sie zögernd auf die Bank zuging.

Die alte Dame lächelte nachsichtig. „Nein, das haben Sie wohl nicht. Da bin ich nun also. Möchten Sie sich zu mir setzen? Es ist so ein schöner Tag."

Pia nahm neben der zierlichen alten Dame Platz und fühlte sich eigenartigerweise, als wäre sie zum Tee in den Salon einer Herzogin eingeladen worden. Herkules sprang neben ihr auf die Bank und leckte ihre Hand, um sich für sein langes Fortbleiben zu entschuldigen. Pia befestigte die Leine an seinem Halsband, damit er nicht wieder davonlaufen konnte. „Ein netter Hund", sagte das ältliche Fräulein im Plauderton. „Wir hatten eine interessante Unterhaltung."

Pia sah misstrauisch auf. „Sie haben sich mit meinem Hund unterhalten?"

„Ja natürlich! Alles andere wäre unhöflich gewesen." Die alte Dame lächelte gütig. „Aber wo bleiben denn meine Manieren! Ich habe mich ja noch gar nicht vorgestellt. Ich bin Petunia. Ich freue mich sehr, Sie kennenzulernen, Pia."

Pia blinzelte verwirrt. „Woher kennen Sie denn meinen Namen?"

„Herkules hat ihn mir natürlich verraten", antwortete Petunia mit hochgezogenen Augenbrauen, als wäre es selbstverständlich, dass Hunde Auskunft über ihre Besitzer geben.

Herkules fühlte sich durch die Erwähnung seines Namens offenbar dazu ermutigt, seinen Senf dazuzugeben, und bellte kurz und bestätigend. Pia beschlich das deutliche Gefühl, dass sie es mit einer Irren zu tun hatte. Sie beäugte Petunia vorsichtig und vermutete, dass keinerlei körperliche Bedrohung von ihr ausgehen würde.

„Kann ich Ihnen vielleicht irgendwie helfen?", fragte Pia vorsichtig. „Kann ich Sie irgendwohin bringen, oder so?"

Petunia ließ ein melodiöses kleines Lachen ertönen. Es klang tatsächlich, als würden Glöckchen läuten. „Ich wüsste wirklich nicht, wie Sie mir helfen könnten, mein liebes Kind. Eigentlich bin ich davon ausgegangen, dass ich Ihnen behilflich sein kann. In Ihrem Zustand kann man Sie doch kaum allein auf die Straße lassen!"

„In meinem Zustand?", fragte Pia verblüfft und ein wenig beleidigt. „Was soll das denn für ein Zustand sein?"

„Ein verwirrter, zweifelnder, unglücklicher Zustand natürlich", antwortete Petunia gelassen. „In einem solchen Zustand kann Ihnen alles Mögliche geschehen, das Sie nicht willkommen heißen würden, wenn es geschähe. Ich neige dazu, einen solchen Zustand zu vermeiden und einem glücklichen den Vorzug zu geben. Stimmen Sie mir da nicht zu?"

Pia lachte bitter. „Da stimme ich Ihnen durchaus zu. Blöd nur, wenn man gerade eben nicht glücklich ist", sagte sie sarkastisch. „Als könnte man das mit dem Glücklichsein so einfach ändern. Schließlich gibt es Umstände, die dafür sorgen, dass man nicht glücklich ist, und die man eben nicht so einfach ändern kann!"

„Das ist eine sehr ungesunde Ansicht", sagte das himmelblaue Fräulein mahnend und beäugte Pia streng. „Zudem ist es eine falsche Ansicht und es wird Zeit, dass Sie lernen, glücklich zu sein. Ich sagte doch, dass ich Ihnen behilflich sein kann." Sie klopfte Pia begütigend aufs Knie, was Herkules freudig zum Anlass nahm, Petunias Hand zu lecken. „Wären Sie denn nicht gern glücklich?"

Pia schnaubte. „Natürlich wäre ich gern glücklich. Das will doch jeder! Aber ich bin Mitte dreißig, habe einen miesen Job, kein Liebesleben, das der Erwähnung wert wäre, bin eine Versagerin auf allen Ebenen, habe Eltern, die ständig an mir herumnörgeln, und lebe das langweiligste Leben, das man sich nur vorstellen kann!"

Petunia sah Pia nachsichtig an. „Ich bin keine Problembewunderin, müssen Sie wissen. Sie sollten diese Vorliebe auch aufgeben. Ist es nicht viel angenehmer, sich auf die schönen Dinge des Lebens zu konzentrieren?"

„Ich bewundere meine Probleme doch nicht! Was für ein Schwachsinn! Probleme sind nun mal da und müssen gelöst werden!"

„Finden Sie nicht, dass das eine Ansicht ist, die ein wenig aus der Mode gekommen ist?" Gütig lächelnd tätschelte Petunia erneut Pias Knie. „Man sollte immer mit der Zeit gehen und Neues entdecken! Nur Mut, Ihre Sorgen sind vorbei und morgen starten wir mit der ersten Lektion. Ich würde vorschlagen, wir treffen uns wieder hier. Es ist so ein reizender Ort und eine so hübsche Bank."

Mit diesen Worten stand Petunia auf, ergriff ihre riesige schwarze Handtasche, die Pia jetzt erst bemerkte, und marschierte munter mit kleinen Schrittchen den Weg in den Wald hinein. Dann war sie verschwunden.

Mit wackligen Knien und dem Gefühl, als würde sie durch dichten Nebel gehen, machte auch Pia sich auf den Heimweg.

Am Abend im Bett dachte Pia lange über die seltsame Begegnung nach. Herkules schnarchte zufrieden auf seiner Decke zu ihren Füßen. Mit den Zehen streichelte sie seinen Bauch und seufzte tief. Wahrscheinlich nur eine verrückte Alte, dachte sie. Wobei es wirklich schön wäre, wenn Petunia so was wie ein Schutzengel wäre, den mir der Himmel geschickt hat. Pia fragte sich, ob das seltsame Fräulein tatsächlich wieder auftauchen würde. Sie hoffte es, dachte an das federleichte Haar der merkwürdigen kleinen Dame in Himmelblau und dann schlief sie ein.

Der Wecker läutete wie immer um 6 Uhr. Pia weigerte sich, die Augen aufzumachen. Ihre Lider waren so schwer, als hätte jemand einen Kleinwagen darauf geparkt. Das war jeden Tag so, also wenig überraschend. Am liebsten wäre sie liegen geblieben. Dann müsste sie sich nicht anziehen, Herkules nicht vor die Tür lassen, keinen Kuchen in der Teestube servieren, nicht reden und nicht darüber nachdenken müssen, warum sie so ein langweiliges Leben hatte.

Sie bemühte sich, den geparkten Kleinwagen hochzustemmen, und blinzelte verschlafen in die Sonnenstrahlen, die durch die Jalousien ins Zimmer fielen. Herkules sprang vom Bett und streckte sich ausgiebig. Dann kläffte er auffordernd und Pia zwang sich mit übermenschlicher Anstrengung dazu, ebenfalls aufzustehen.

Müde schlurfte sie ins Badezimmer und nahm sich vor, erst nach dem ersten Kaffee in den Spiegel zu schauen. Plötzlich fiel ihr Petunia wieder ein und ihre trübe Stimmung hob sich ein wenig. Mal sehen, dachte sie, nicht zu früh freuen, damit ich später nicht enttäuscht bin. Und dann ärgerte sie sich über sich selbst, weil sie tatsächlich hoffte, dass dieses komische alte Fräulein irgendwie hilfreich sein könnte.

Eine halbe Stunde später war sie, mit Herkules an der Leine, unterwegs zu der Teestube, in der sie jeden Vormittag arbeitete. Der kleine Terrier zog sie eifrig voran. Er liebte die Vormittage und hielt es für seine Aufgabe, jeden einzelnen Kunden persönlich zu begrüßen. Das machte er mit großem Charme und freundlichem Schwanzwedeln, sodass Pias Chefin Margot nichts dagegen hatte. Tatsächlich hatte sie einen Narren an Herkules gefressen und fütterte ihn heimlich mit den Resten ihrer Frühstückscroissants, wenn sie glaubte, dass Pia es nicht bemerkte.

Die Stunden bis zum Mittag dehnten sich und Pia sah noch häufiger auf die Uhr als sonst. Sie musste sich eingestehen, dass sie es kaum erwarten konnte, Petunia wiederzusehen. Kurz nach 13 Uhr zog sie ihren Mantel an, nahm Herkules an die Leine und verließ die Teestube.

Als sie die große Wiese erreichte, ließ sie den kleinen Terrier laufen, der sich sofort auf die Jagd nach unvorsichtigen Mäusen begab. Pia lief am Waldrand entlang und hielt Ausschau nach der himmelblauen Bank. Insgeheim befürchtete sie, dass sie sich alles nur eingebildet hatte, und war sehr erleichtert, als sie an der alten Eiche ankam und dort Petunia sah, die in sehr aufrechter Haltung auf der Bank saß und die zierlichen Füßchen elegant gekreuzt hatte. Ihre Hände ruhten auf ihrem Schoß und sie hatte das rosige Gesichtchen mit geschlossenen Augen der Sonne zugewandt. Sie trug wieder das altmodische himmelblaue Kleid und der Wölkchenduft ihrer weißen Flaumhaare thronte auf ihrem Kopf wie ein Wesen aus einer anderen Welt.

„Ist das nicht ein wunderbarer Tag?", fragte sie mit noch immer geschlossenen Augen. „Sie sehen wesentlich fröhlicher aus als gestern und das freut mich sehr." Noch ehe Pia sich fragen konnte, wie Petunia das mit geschlossenen Augen beurteilen konnte, fuhr diese fort: „Ist es nicht wunderbar, wie die Hoffnung aus uns glücklichere Menschen macht?" Sie öffnete die

Augen und warf Pia einen gütigen Blick zu. Mit einer einladenden Geste deutete sie neben sich und Pia setzte sich gehorsam auf die Bank, wobei sie sich bemühte, ihre Füße ebenso elegant zu kreuzen wie Petunia.

Herkules allerdings hatte wenig übrig für Eleganz und sprang so begeistert an der alten Dame hoch, dass Pia ihn schnell am Halsband packte. Seine Pfoten waren dreckig von der Mäusejagd und sie befürchtete, dass er das himmelblaue Kleid der alten Dame beschmutzen würde. Aber wie durch ein Wunder hinterließen seine Pfoten keine Spuren auf dem weichen Stoff.

Petunia kraulte den aufgeregten Hund hinter den Ohren. „Mein lieber Herkules, ich bin ebenso erfreut, dich wiederzusehen. Ich übernehme jetzt und du kannst deiner eigenen Wege gehen, wenn du Lust darauf verspüren solltest." Herkules leckte Petunia die Hand und lief in den Wald. Pia schwirrte der Kopf. Sie musste dringend darüber nachdenken, wie es möglich war, dass Petunia mit geschlossenen Augen sehen konnte, ihr Kleid schmutzresistent war und sie ganz offensichtlich vernünftige Unterhaltungen mit Hunden führte.

„Dazu ist jetzt keine Zeit", erwiderte Petunia, als hätte Pia ihre Gedanken laut ausgesprochen. „Sie sind doch nicht hier, um über noch mehr Probleme nachzudenken, oder? Sie sind hier, weil Sie glücklich sein möchten. Was übrigens ein sehr viel lohnenderes Vorhaben ist." Sie warf Pia einen mahnenden Blick zu, die sich daraufhin noch gerader hinsetzte. Sie hatte das Gefühl, dass sie etwas Bedeutendes zu der Konversation beitragen sollte.

„Ich bin bereit!", sagte sie also feierlich und kam sich im selben Augenblick albern vor und alles andere als „bereit".

Petunia lächelte fein. „Ich schlage vor, wir beginnen mit der ersten Lektion."

Und so begann Pias Reise zum Glück.

QUELLEN

Elizabeth von Arnim, Verzauberter April,
Textauszug aus: Elizabeth von Arnim, Verzauberter April. Roman. Aus dem Englischen von Adelheid Dormagen. © Insel Verlag Frankfurt am Main und Leipzig 1992.

Clara Maria Bagus, Der Duft des Lebens,
Textauszug aus: Clara Maria Bagus: Der Duft des Lebens, © 2018 Ullstein Buchverlage GmbH, Berlin

Heinrich Böll, Anekdote zur Senkung der Arbeitsmoral,
aus: Heinrich Böll, Werke. Kölner Ausgabe. Band 12 1959–1963. Herausgegeben von Robert C. Conrad. © 2008, Verlag Kiepenheuer & Witsch GmbH & Co. KG, Köln.

Frank Diedrich, Die Hütte,
aus: Frank Diedrich, Die Hütte zwischen den Welten. © 2021 Frank Diedrich.

Max Frisch, Die Stille,
Textauszug aus: Max Frisch, Antwort aus der Stille. Eine Erzählung aus den Bergen. © Suhrkamp Verlag Frankfurt am Main 2009. Alle Rechte bei und vorbehalten durch Suhrkamp Verlag Berlin.

Markus Glauser, Nordlichter,
aus: Markus Glauser, Nordlichter, © beim Autor

Hermann Hesse, Stufen,
aus: Hermann Hesse, Sämtliche Werke in 20 Bänden. Herausgegeben von Volker Michels. Band 10: Die Gedichte. © Suhrkamp Verlag Frankfurt am Main 2002. Alle Rechte bei und vorbehalten durch Suhrkamp Verlag Berlin.

Erling Kagge, Stille. Ein Wegweiser,
Textauszug aus: Erling Kagge, Stille. Ein Wegweiser. Aus dem Norwe-
gischen von Ulrich Sonnenberg. © der deutschen Ausgabe Insel Verlag
Berlin 2017. © 2016 Kagge Forlag AS.

Mascha Kaléko, Gesucht: Ein Irgendwo von dazumal …
Aus: Mascha Kaléko, Verse für Zeitgenossen © dtv Verlagsgesellschaft
mbH & Co. KG, 2017 München; mit freundlicher Genehmigung von
dtv Verlagsgesellschaft mbH & Co. KG

Liesenfeld, Gabriele, Das Schicksal in Person,
aus: Gabriele Liesenfeld, Pia und das Glück. Eine wundersame Begegnung mit dem Sinn des Lebens, © 2023 Gabriele Liesenfeld

Sarah Marie, Ruheort,
aus: Sarah Marie: Im großen Ganzen hoffnungsvoll © 2023 LAGO
Verlag, ein Imprint der Münchner Verlagsgruppe GmbH, München.
https://www. lagoverlag.de All rights reserved. Mit freundlicher Genehmigung des Verlags.

Dan Millman, Die Tankstelle am Rainbow's End,
aus: Dan Millman, Der Pfad des friedvollen Kriegers. © 2003 Ansata
Verlag, München, in der Penguin Random House Verlagsgruppe GmbH

Tessa Randau, Begreifen,
aus: Tessa Randau, Das Meer und ich. Wie ich mich selbst wiederfand,
© dtv Verlagsgesellschaft mbH & Co. KG, 2023 München, S. 77 ff.; mit
freundlicher Genehmigung von dtv Verlagsgesellschaft mbH & Co. KG

**Walt Whitman, Der Himmel – Tage und Nächte – Glück & Zugvögel
um Mitternacht,**
© der Übersetzung Coppenrath Verlag GmbH & Co. KG, Münster

*Wir danken den Autor:innen und Verlagen für die freundliche
Abdruckgenehmigung.*